融合发展视阈下的传统文化与思想政治教育

刘　涛◎著

北京燕山出版社

图书在版编目（CIP）数据

融合发展视阈下的传统文化与思想政治教育 / 刘涛

著 . -- 北京：北京燕山出版社，2023.8

ISBN 978-7-5402-7029-2

Ⅰ.①融⋯ Ⅱ.①刘⋯ Ⅲ.①中华文化—关系—思想

政治教育—研究—中国 Ⅳ.① D64

中国国家版本馆 CIP 数据核字 (2023) 第 155602 号

融合发展视阈下的传统文化与思想政治教育

著者：刘涛

责任编辑：战文婧

封面设计：张秋艳

出版发行：北京燕山出版社有限公司

社址：北京市西城区椿树街道琉璃厂西街 20 号

邮编：100052

电话：86-10-65240430（总编室）

印刷：天津和萱印刷有限公司

成品尺寸：170 mm × 240 mm

字数：200 千字

印张：11.75

版别：2024 年 5 月第 1 版

印次：2024 年 5 月第 1 次印刷

ISBN：978-7-5402-7029-2

定价：72.00 元

作者简介

刘涛　男，出生于 1976 年，河南省卫辉市人。毕业于南京农业大学科学技术史专业，理学博士。1996 年任教至今，从事思想政治教育与传统文化的教学及研究工作，主持各级各类课题 10 多项，发表优秀论文 20 多篇。

前 言

　　中国传统文化源远流长，博大精深，深深地融入中华民族的思想意识和行为规范中，深刻地影响着我们的社会生活和人民的精神面貌。对思想政治教育而言，传统文化中蕴含着大量的教育教学资源，有助于青年形成健康、积极、向上的人格，树立正确的人生观和价值观。在全球化、网络化高速发展的今天，这些资源值得高校教育工作者在实际工作中应用，比如"以人为本"的思想政治教育理念、对良好道德品质的不懈追求、"刚健有为、自强不息"的进取精神等。其中，刚健自强的奋发进取精神是中华民族的生命力所在。不管是在国家强盛之时，还是在国家危难之际，它都激发了民族斗志，培育了中华民族自立自强的精神品格。

　　全书共分为八大章节，第一章为传统文化基本概述，包括传统文化的内涵、产生、发展、特征和精神。第二章为思想政治教育基本概述，阐述了思想政治教育的内涵、目的、任务、性质和特点。第三章从三个方面介绍了融合发展视阈下传统文化与思想政治教育融合发展的原则，包括马克思主义的正确指导原则、社会主义核心价值观原则、批判继承原则与"高、实、严、新"原则。第四章为融合发展视阈下传统文化与思想政治教育融合发展的价值分析，分别从融合发展视阈下传统文化的思想政治教育价值内涵、思想政治教育价值特点和思想政治教育价值结构三个方面进行阐述。第五章为融合发展视阈下传统文化与思想政治教育的现状分析，第一节融合发展视阈下传统文化与思想政治教育的现状，第二节融合发展视阈下传统文化与思想政治教育存在的问题，第三节融合发展视阈下传统文化与思想政治教育的问题原因分析。第六章主要从三个方面阐述融合发展视阈下传统文化与思想政治教育融合发展的可行性，分别是传统文化与思想政治教育融合发展的实践意义、应用价值、必要性和可能性。第七章是融合发展视阈下传统文化对思想政治教育的质量提升，从融合发展视阈下传统文化对文化型思想政治教育的质量提升、融合发展视阈下传统文化对开放式思想政治教育的质量提升、融合发展视阈下传统文化对和谐型思想政治教育的质量提升三个方面介绍。最后一章为融合发展视阈下传统文化与思想政治教育融合发展的路径，从四个方面进行阐述，传统文化与思想政治教育融合发展的课堂教学路径、网络教育路径、环境影响路径和社会实践路径。

在撰写本书的过程中，作者得到了许多专家学者的帮助和指导，参考了大量的学术文献，在此表示真诚的感谢。本书内容系统全面，论述条理清晰、深入浅出，但由于作者水平有限，书中难免会有疏漏之处，希望广大同行及时指正。

作者

2023年2月

目　录

第一章　传统文化基本概述

中华传统文化源远流长，本章主要从三个方面对传统文化基本概述进行阐述，分别是传统文化的内涵、传统文化的产生和发展、传统文化的特征和精神。

第一节　传统文化的内涵

中国传统文化是中华民族的精神和灵魂，其核心价值观是历朝历代的治国安邦之本，是调整社会关系和家庭秩序的根本规则，也是生命个体安身立命的生存之道。一个民族的凝聚力，主要体现在对本民族人文文化的认同程度。缺少人文精神的民族最终会走向虚无，走向异化。悠远浩博的中国文化，从孕育到恢宏壮大，有一个漫长而曲折的发展历程。这一历程是物质文化、精神文化日臻丰富的历程，也是人们不断解放自身，走向文明演进高峰的历程。

中国传统文化的核心代表是儒家、佛家、道家，合称儒、释、道。中国历史上虽然也有哲学家主张清静、无为，但从总体上讲，中国文化历来关注现实人生，刚健有为、自强不息的进取精神和积极入世的人生态度一直居主导地位。其主要文化内涵与特征主要包括以下几个方面。

一、天人合一，以人为本

奴隶社会里，由于科技落后，生产力低下，人们把上天看作万物的主宰，尊天事鬼是商代的主导思想，商代甲骨文上所刻的内容主要是殷商王朝统治者有关祭祀、征伐、王事、天时、年成、狩猎等方面的占卜记录，也就是说这些大事都要卜问上天。《礼记·表记》云："殷人尊神，率民以事神，先鬼而后礼，先罚而后赏。"① 周灭商，继承了商代的天命观来为其取代商作论证，如《大盂鼎》铭文云："不显文王，受天有大命。"② 延绵到春秋时，孔子对天命的理解，跟夏商以来的天命观已经有所不同："天命"本指天神的意旨，古人认为天是有意志的神，是万物的主宰；也指上天主宰之下人们的命运。孔子不承认上天具有支配一切的神威，因此孔子所谓命和天命，是指人力所不能支配的自然发展规律。所谓知天命，就是人对自然规律的因循和顺从，人不能逆天而行，要顺应自然发展的规律，开始加入人类对自身命运的思考。《周易》也说"先天而天弗违，后天而奉天时""裁成天地之道，辅相天地之宜"③，是天人合一的最高境界。中国传统文化的天人合一不仅是一种思想观念，更是一种为人处世的行为准则。

天是大宇宙，人是小宇宙。中国传统文化充分肯定人在宇宙中的地位。中国传统文化的人本思想最早来自于儒学。孔子"不语怪、力、乱、神"和"未能事人，焉能事鬼"④，将现实中的人放在第一位，关注人的生命。"仁者，爱人也""民为贵，社稷次之，君为轻"⑤，"天将降大任于是人也，必先苦其心志，劳其筋骨，饿其体肤，空乏其身，行拂乱其所为，所以动心忍性，曾益其所不能"⑥，儒家文化认为人是天地万物之中心，天人合一，深信价值之源内在于人心，天地间以人为贵，尊重个体的独立性与主动性，告诫统治者尊重个体的利益需求与欲望。《道德经》也说"道大，天大，地大，人亦大"⑦，把人与天、地并称伟大。大自然中也只有人赋有灵性与智慧，才能顺应自然规律，与自然和谐相处。

二、刚健有为，自强不息

"天行健，君子以自强不息"⑧，这句话单从字面上解释是天很坚强劲健，人应该像它一样坚强。这本是《易经》乾卦的阐发，后来慢慢成为中华民族生命之源、文化之本的象征。在古代，中国人民在经历种种磨难之后，仍以百折不挠的坚强意志去拼搏，以其卓越无伦的智慧去创造。在近现代，更可谓人才云集英雄

① （汉）戴圣作；王学典译. 礼记 [M]. 南京：江苏凤凰科学技术出版社，2018.
② 孙宝文. 大盂鼎 [M]. 上海：上海辞书出版社，2014.
③ 冯国超. 周易 [M]. 北京：华夏出版社，2017.
④ （春秋）孔丘著；吴兆基译. 论语 [M]. 成都：四川天地出版社，2020.
⑤ （春秋）孔丘著；吴兆基译. 论语 [M]. 成都：四川天地出版社，2020.
⑥ （战国）孟轲著；李晨森译. 孟子 [M]. 北京：煤炭工业出版社，2017.
⑦ （春秋）老子著；安伦译. 道德经 [M]. 上海：上海交通大学出版社，2021.
⑧ 冯国超. 周易 [M]. 北京：华夏出版社，2017.

辈出，他们谱下了一部保卫中华和振兴中华奋斗不息的历史。正是在这种精神鼓舞下，中国人对真理孜孜以求，对外敌侵略拼死抵抗，铸造出知难而进、吃苦耐劳、自力更生的民族性。刚健有为、自强不息的进取精神是中国传统文化的精髓之所在，也是中华民族历经磨难而不衰、饱经挫折而不败，依然能一脉相承生生不息，屹立于世界民族之林的关键所在。

三、仁义忠恕，和而不同

仁，意义在于人要多替别人着想，了无私心，即所谓仁者爱人。义，原指"宜"，即行为适合于"礼"，在于讲人与人之间都多去替人分担，有担当，所作所为要合情、合理、合法，"生，亦我所欲也；义，亦我所欲也。二者不可得兼，舍生而取义者也"。[①]孔曰成仁，孟曰取义，其实正是儒家思想的核心内容，折射出一种源远流长、亘古不变、关于生死的精神气节。忠，中在心上可谓正直，刚正不阿，做事认真老实即为忠。恕，是宽恕，可以理解为人应该有一颗宽厚的心。传统文化的忠恕之道就是仁义之道，行忠恕就是行仁义。

和而不同的意思是一种声音构不成动听音乐，一种颜色构不成五彩景象，一种味道构不成美味佳肴，一种事物则无从比较。"和而不同"强调多种因素相互配合、协调才能生成新的事物或者达到完美的效果。孔子则将其引申到社会领域，用以阐释做人的道理。"君子和而不同，小人同而不和"[②]，意思是君子在人际交往中能够与他人保持一种和谐友善的关系，但在对具体问题的看法上却不必苟同于对方；所谓同而不和则是指小人习惯于在对问题的看法上迎合别人的心理、附和别人的言论，但在内心深处却并不抱有一种和谐友善的态度。这句话道出了君子之交和小人之交的本质，小人表面上的"同"并不能代表"和"，"和"应该是更高意义上的、更本质的一种美德，可以反映出一个人的品质，也是一种很高的道德要求。比如有些人走仕途为官，有些人做园丁育人，这种"不同"可以致"和"。小人虽然嗜好相同，但因为各为私利，冲突纷争，这种"同"反而导致了"不和"。

---

① （春秋）孔丘著；吴兆基译．论语 [M]．成都：四川天地出版社，2020.
② （春秋）孔丘著；吴兆基译．论语 [M]．成都：四川天地出版社，2020.

第二节 传统文化的产生和发展

一、传统文化的产生

（一）地理条件

任何文化的形成和发展，都是在特定的地理环境下进行的。地理环境是指环绕人类社会的自然生态，包括地形、气候、河流、土壤、矿产和生物资源等。这是人类生存的自然基础，是社会发展所必需的物质条件，以物质生产为中介，深刻地影响着人类历史的发展进程。

一个民族、国家所处的独特的地形地貌、山川河流、气候冷暖等地理环境，对其文化的形成和发展会产生重要的影响。学习中国传统文化，首先必须对其赖以生存的地理环境有一个整体性的了解和把握。

早在上百万年前，我们的祖先就已栖息于北半球的东亚大陆。作为中国文化的摇篮，东亚大陆为中国文化大厦的构建提供了较为宽广的物质基础。这是其他古老文明的发祥地所难以比拟的。中华民族的栖息地不仅领域广大、腹里纵深、回旋天地广阔，而且地形地貌、气候条件纷繁复杂，形成了一种恢宏的地理环境。中国传统文化赖以生存的地理环境的特点，可概括为以下几个方面。

1. "负陆面海"半封闭性的地形地貌

中国作为一个幅员辽阔的泱泱大国，早在两千多年前，大陆的轮廓已基本确立。经秦、汉、唐、宋历代先民的开疆拓土，特别是元、明、清时代的融合发展，终于奠定了今日中国东西跨越60多个经度、南北达50个纬度、方圆近1000万平方千米的泱泱大国。中国大陆"负陆面海"是指陆地纵深，东西纵横数千千米，南北跨越数千千米，东端和东南沿海有长达2万余千米的海岸线，但海洋不能深入陆地腹里。

中国大陆的北部是广漠无垠的草原。东北部是西伯利亚原始森林和北极冰原，往往被视为难以穿越的畏途。中国大陆的西北部直抵帕米尔高原东麓，从陕西关中出玉门关是纵横数千千米的荒漠和绵延起伏的山地戈壁、雪峰，由砾石层构成的干旱的戈壁和荒漠的地貌加上险恶的气候，让古代中国通向西方的道路充满险阻。从西汉开始，古人历经千难万险打通了从中原腹地通往西域的道路，史称"丝绸之路"。

中国大陆南部与东南亚山水相连。南部在古代开发较迟，地广人稀，加上热带丛林瘴疠盛行，被视为荒蛮之地，在隋唐以前与中原的交通极为不畅。中国西南耸立着号称世界屋脊的青藏高原，平均海拔在4000米以上。辽阔高原和直插云霄的冰川雪山，阻隔了中国与南亚的往来。

中国大陆东部是浩瀚的太平洋，自北部黑龙江东部沿海至东南沿海有延绵两万多千米的海岸线，从先秦开始沿海交通大多局限于近海，未向海洋纵深发展。中国大陆地域广大，回旋余地开阔，适合人类生存的地域为500多万平方千米。然而，因为"负陆"，所以有各类自然屏障与外界阻隔，虽然"面海"却又未向海洋纵深发展，故而导致与其他文明中心缺乏交流互动，形成一个半封闭性的状态。

2.三大阶梯的地势

中国地势的特点是西北高、东南低，自西而东层层下降，形成落差显著的"三级阶梯"地形。西部主要分布高山、高原以及大型内陆盆地，东部主要是丘陵平原以及较低的山地，在我国大陆东南则是宽阔缓斜的大陆架延伸于海下。中国大陆上的高原、平原、大山、大川，构成许多独立的地理单元，使中华文化具有多样性、包容性和开放性。

第一阶梯是以"世界屋脊"著称的青藏高原。在"三级阶梯"中，最高的一级雪峰林立，许多山峰超过7000米，平均海拔4000米以上，气候以高寒为特点。中国与南亚往来的交通被高山阻隔，古代交通不发达，只能绕丝绸之路与南亚进行交往。中国内地通往西藏腹地的交通也很艰险，到了唐代，翻越重重雪峰、峡谷的唐蕃古道才得以开通。

第二阶梯是青藏高原以东、以北至大兴安岭、太行山、巫山、雪峰山一线。其间包括内蒙古高原、黄土高原、云贵高原和塔里木盆地、准噶尔盆地、四川盆地等地区，地形相当复杂，海拔一般在1000米至2000米，只有四川盆地较低，海拔在500米以下。长江、黄河、澜沧江等亚洲大河都发源于此。该阶梯的气候一般为干旱或半干旱性，尤其是西北内陆被山岭阻隔，无论是东部还是南部的暖湿气流都无法到达该地区，是中国最干旱的区域。从关中玉门关，阻隔于纵横数千千米的荒漠戈壁和连绵起伏的山地、雪峰，加上险恶的气候，自古有"风灾鬼域"之称，使古代中国通往西方的道路充满险阻。

第三阶梯由东北平原、华北平原和长江中下游平原三大平原，以及江南大面积的丘陵低地、河流三角洲等地带构成，是地势最低的一级，平均海拔在 500 米以下。该区域内受东南季风影响显著，气候湿润多雨。从黑龙江东部沿海至东南沿海有 2 万多千米的海岸线，海上交通在先秦就已兴起，之后日益发达，只是大多局限于近海，与国外的交往受到浩瀚海洋的阻隔。

3.复杂多样的气候

我国处于北半球，大部分地区属温带和暖温带，南北两端的少部分区域伸入热带和亚寒带。中国大陆气候有两个重要特征：一是大陆性季风气候显著，二是气候类型复杂。中国背靠世界上最大的陆地——欧亚大陆，面向世界最大的海洋——太平洋，是典型的季风气候区。冬季，大陆气温比海洋气温低，形成高气压，风从大陆吹向沿海，风向偏北。夏季，大陆气温比海洋气温高，形成低气压，风从海洋吹向大陆，风向偏南。受季风周期性变化以及地形等因素的影响，形成了四季分明、雨热同季的特征，寒潮、气旋、梅雨、台风等成为常见的天气现象。中国大部分地区属于大陆性气候，从东到西，从南向北，大陆性气候特征越来越明显。中国大陆的年降雨量从西北部向东部、南部、东南部逐渐增加。中国大陆作为一个巨大、封闭的地理单元，三个阶梯形如一把躺椅。中华民族在这个躺椅上依山傍水，面朝海洋而内向大陆，休养生息五千年，形成的中国传统文化是农业文化而不是海洋工商文化。

4.无天然屏障阻隔的辽阔大陆和广袤疆土

中国大陆辽阔，疆土广袤，河流众多，湖泊星罗棋布。中国第一大河——长江，仅次于非洲的尼罗河和南美洲的亚马孙河，位居世界第三。长江流域中下游地区是我国重要的农业区，气候温暖湿润，土地肥沃，丰富的水资源像乳汁一样哺育了一代又一代华夏儿女。中国的第二大河——黄河，流域面积75.2 万平方千米。黄河流域是中华文明的发祥地之一，黄河被称为"母亲河"。

中国疆域广大，气候复杂多样，为众多民族及多元文化的形成创造了条件。中国大陆横跨地球的亚寒带、温带、暖温带、亚热带和热带等五个气候带，加之地形复杂多样，各地降水差异明显，有湿润、半湿润、干旱、半干旱之分。例如，西北内陆地区常年干旱，风沙频仍，昼夜温差较大；东北的黑龙江省夏季不热而短促，冬季严寒且漫长；长江中下游、淮河流域冬冷夏热、四季分明；南部的台湾、海南、广东、广西、云南南部等没有冬天，四季暖热多雨，树木常青；青藏高原是高寒地区，空气稀薄，终年积雪。中国多样化的气候类型为发展农业、林业、牧业和渔业等提供了便利条件。

辽阔丰腴的中国大陆养育了勤劳、勇敢、伟大的中华民族。在中华民族这个大家庭里，生活在东亚农耕区的汉族是其构成主体，还有生活在周边的人数少于汉民族的少数民族，统称"四夷"——东夷、西戎、南蛮和北狄，这主要是按他们活动地域的方位命名的。虽然汉族和少数民族人口多寡有殊、文明程度不同，但他们经历了从对垒、冲突到最终融合的过程，互相影响、互相学习、互相依存，共同缔造了中华民族这个大家庭，共同创造了伟大的中华文明。中国大陆"负陆面海"、疆域辽阔、资源丰富、气候宜人的地理环境和气候条件，助力中国先民创造了独具特色的中国传统文化。

文化形成的过程是人化自然的过程。在人化自然的过程中人类既是创造活动的主体又是对象世界的客体，整个活动过程受外部自然环境的影响和制约。中国大陆特定的地理环境，对独具特色的中国文化形成起了非常重要的作用。

半封闭性的地形地貌，造就了中国传统文化的相对封闭性和独特性。中国大陆三面环山、一面临海的地理环境，使其成为一个相对独立的地理单元。中华民族的勤劳和智慧加上相对优越的地理环境，使古代中国长期成为世界东方乃至整个世界最富足、最强大的国度，因而古代中国人产生了自我陶醉、自我封闭观念。与古代中国不同，东地中海文明区的埃及、巴比伦、希腊等文明之间的交流却非常频繁，孕育了古埃及文明的尼罗河和孕育了巴比伦文明的两河流域相距很近，不存在难以逾越的地理障碍，它们之间文化交流历来频繁。埃及的象形文字就受美索不达米亚图画文字的启发，二者在农业及手工业技术、数学、天文历法知识等方面也多有交流。东地中海文明与南亚文明之间的交流也很频繁，虽然隔着伊朗高原，但它们之间的通道纵横，人员、物资和精神产品自古多有往来。在两河流域曾发现古印度哈拉巴文化的印章，表明这两个古老文明早在公元前两千年就已建立起实质性的联系。与此形成鲜明对比的是，中国大陆北临茫茫戈壁和原始森林，西方是万里黄沙与高山雪峰，西南矗立着有世界屋脊之称的青藏高原，东临浩瀚无际的太平洋，与外部世界相对隔绝。这导致了以中华文化为主体的东亚文明与其他文明的联系，大体发生在公元纪年以后。与上述几个文明区之间的频繁交流相比，我们整整晚了三千余年。从文化发生学的视角来看，任何一种文化的特性都是由该文化的发生期决定的。中国文化的发生期，大致是在东亚文明区与异文明相隔离的情况下独自完成的，因此，中华民族是一个具有创造性的民族，其文化具有鲜明的独特性。当然，从历史发展的角度看不能否认中国文化广采博纳、兼容并蓄的包容精神，但那是在中国文化的发生期以后，才渐次与其他文化相交流。与异文化的交流、碰撞虽然对中国文化的影响相当深刻，但并未使其发生实质性的改变。由以上可知，中国文化的独特性虽然不能排除其他诸因素的影响，但不难看出中国地形地貌复杂、通行穿越困难等造成的与其他文明区域相对隔绝的状态，无疑是其中至关重要的因素。

多样化的地形和气候条件，成就了中国传统文化多样性的文化形态。中国大陆领域广大，腹里纵深，东西跨经度 60 度以上，南北跨纬度 50 度以上，南北温差近 50 摄氏度，东西年降水量相差几千毫米。地形和气候条件客观上存在的多样化，决定了各地域生计方式和文化形态的多样性。中国的地理环境由南到北存在温度和湿度的渐次差异，决定了淮河、秦岭以南的中国南方，以稻作农业为主；淮河、秦岭以北至秦汉长城沿线以南的中原一带，以粟作农业为主；而在秦汉长城沿线以北的北方地区，则以游牧业为主。同时，中国大陆内大河东西横贯，山系纵横，种种地形特点，把中国大陆分割成大大小小的"国中之国"，从而造成了中国文化多样发展，各区域文化间差异极大。还需要明确的是，在中国文化史上这种地形多样性导致的文化多元倾向，与文化大一统倾向相辅相成，共同构成中国文化的特点，这在思想学术领域表现最为突出。此外，中国大陆地形、气候条件的区域性差异，客观上也成为多民族共居、多种经济成分并立、多种文化类型共存的物质基础。由于平原地区自然环境相对优越，因此形成了各民族聚集、多文化类型融合的历史趋势，从而出现了中国文化形成发展过程中的多元一体格局。

广袤的疆域，为中国传统文化的交流、融合和延续创造了条件。中华民族繁衍生息的大陆虽"负陆面海"，却是一块极为辽阔的大陆，其面积与整个欧洲大陆相差无几。由于疆土广袤，其内部平原广阔，特别是黄河、长江流域平原毗连，没有明显的天然屏障可以阻隔，因而在政治、经济、文化以及军事上都较海洋民族易于统一。先秦时的《尚书·禹贡》把当时的版图划分为冀、兖、青、徐、扬、荆、豫、梁、雍九州，这是上古以来中华先民所能着力开发的地区，面积300万平方千米左右，在同期的世界文明古国中，其疆域之辽阔是罕见的，为中国文化的传播延续提供了充足的空间和回旋余地。辽阔的疆土必然带来多地区、多民族的迁徙、交融、从而也带来不同文化的交流、融合。当历史上强悍的游牧民族南侵，中国纵使丧失了首当其冲的黄河流域，仍有广大退路可供回旋。其他古文明地区一旦沦亡于外族的入侵，即一蹶不振，唯独中国能对外族潜移默化，始终保持自己文化的独特风格和完整体系，并使之绵延不绝。在古代中国历史上，几乎每一次社会动荡变迁都为不同文化的交流和整合提供了条件。

从古代中国不同朝代古都的迁移中也可窥见一斑。不同时代的王朝有规律地经历了多次迁徙，大体上是沿着自东向西，之后由西北向东南，最后到元明清时的北京，先后形成闻名于世的七大古都——安阳、西安、洛阳、开封、南京、杭州、北京。与古代中国不同，其他古老国家的都城大多较为稳定，甚至单一，如埃及的开罗、古罗马的罗马、印度的新德里、英国的伦敦、法国的巴黎等，即使有过短暂迁都的记录，不久又回到原地。古代中国之所以如此，得益于其所具有的地理位置上的优势，也与经济重心的开拓以及民族、文化的融合有关。

与诸多地域狭小的古代文明在遭到异族入侵或重大的自然灾祸时，因没有回旋余地而遭到毁灭不同，中国大陆因疆域辽阔，民族人口众多，回旋余地大，助力中国传统文化的曲折延续而不至于中断。

（二）经济条件

物质资料的生产是一切社会活动（包括文化活动）得以开展的前提和基础，其本身也是文化活动的重要组成部分。学习中国传统文化除了要掌握它的内在逻辑，还要把握它得以运行的经济动力，探究依托特定的自然条件和地理环境，中华民族发展了怎样的物质生产方式，为中国文化发展提供了怎样的经济基础。中国大陆"负陆面海"得天独厚的自然条件和地理环境，孕育了华夏民族以农耕为主的经济生产形态。农耕经济是古代中国立国的根本，也是中国传统文化赖以发生和发展的经济基础。

1.农耕经济

中国农业起源于第四纪冰川后期。大约在一万三四千年以前，我们的先民就顺应气候转暖的自然变化，开始了农业耕作。考古发现已证实，华夏民族早在六七千年前，已步入以种植业为主的农耕时代，逐渐告别以狩猎和采集为主的生计方式。距今大约6000年的仰韶文化遗址、河姆渡文化遗址已见谷类和稻谷遗痕。距今大约4000年的龙山文化遗址和屈家岭文化遗址，出土了粳稻等谷物及石锄、石镰等农具。

3000多年前的商周时期，进入有文字可考的青铜时代。殷墟甲骨文中出现黍、稷、麦、稻等农作物的名称，并有农事活动记载。铜、石生产农具并用，农耕业达到新的水平。

秦汉以后形成大一统的中央集权制，把"上农除末，黔首是富"①定为基本国策，各朝以"帝亲耕，后亲蚕"②之类的仪式以及奖励农事的政令鼓励百姓发展农业。耕地的范围随着农业生产的发展，以及统治者移民拓边屯田政策的推行而不断扩大。

中国以农耕为主的生计方式，同时发祥于黄河中下游、长江流域。黄河流域的黄土层细腻、疏松，较适宜于粟、稷等抗旱作物的生长，也便于木、石、铜器等农具的运用。因此，农业生产首先在黄河中下游区域达到了较高发展水平，该地区自然也成了中国古代的政治、经济和文化中心。

随着农业生产力的发展，特别是铁制农具和牛耕的普及，中国农耕重心不断向南转移，逐渐扩展到土肥水美的长江流域。秦汉时期，中国大一统的实现，为农耕重心向南扩展创造了有利的社会条件。接下来的数百年间，北方被战火蹂躏，边患日益严重，黄河流域的农业生态环境迅速恶化。在战乱逼迫下，大批优秀的中原农耕者向南迁徙，足迹遍布长江中下游区域及东南沿海各地。

中国南方自然气候条件优良，发展农耕经济的巨大潜力很快就得到了发挥。隋唐以后，长江中下游地区迅速成为京都及边防粮食、布帛的主要供应地。"西北甲兵"和"东南财赋"共同构成了唐以后历代社会政治稳定的基本格局。③

① 李用兵.中国古代法治史话[M].北京：中共中央党校出版社，1991.
② 汤忠钢.传统文化与人文精神[M].北京：光明日报出版社，2020.
③ 张宏.中国传统文化概论[M].北京：北京理工大学出版社，2019.

2.农耕经济、游牧经济的对垒与融合

除农耕经济外，中国的北方草原自古生活着游牧民族——匈奴、突厥和蒙古族等，都是以游牧为主要生计方式的马背上的民族，他们世代逐水草迁徙，毋城郭常处耕田之业。北方的游牧民族经常南下，甚至入主中原。例如，公元 5 世纪鲜卑拓跋部落统一黄河流域，公元 13 世纪蒙古人建立元朝，17 世纪满族人建立清朝等。农耕经济与游牧经济作为两种不同的经济类型，在中国历史上曾经发生过冲突，但更多的是融合与互补，共同构成了中国传统文化的经济基础。

（1）农耕民族与游牧民族的对垒

农耕民族和游牧民族之间存在的生产方式及文明发展水平的差异，必然导致冲突的发生。游牧民族的生产组织和军事组织合二为一，游牧与狩猎活动既是生产实践，又是军事演习。在长期艰苦的自然条件和不安定的生活磨炼之下，游牧民族形成了强健体魄和剽悍性格，具备所向披靡的巨大威力。以游牧为主的生计方式，决定了他们获取必备生活资料的不稳定性。当自然条件恶化，水乏草枯之际，饥饿的游牧民族就会南下劫掠，给中原农耕民族造成了巨大的威胁。一旦游牧部落出现了具有政治远见和号召力的领袖，短暂的经济劫掠便发展为大规模的征战，甚至入主中原，建立起游牧经济和农耕经济的混合政权。

农耕民族依附土地生存，安定是经济发展的前提。面对游牧民族的不定时侵扰，安居乐业的农耕民族终究无法与其在军事上作长期的争锋。在历史上，即便是曾出现汉武帝、唐太宗和明成祖等远征漠北的短暂行为，也改变不了古代中国的军事格局——经济文化先进的农耕民族处于防守地位，而经济文化落后的游牧民族则掌握着军事的主动权，处于攻势。

处于守势的农耕民族为了抵御游牧民族的侵扰，不得不耗费巨大的人力、物力和财力，在长达两千年的时间里历尽艰辛，多次修筑万里长城。长城始建于春秋战国时期，当时所建长城因防范对象的不同，分为"互防"和"防胡"两种。秦统一中国后，"互防"长城不仅失去了本来的意义而且还成为统一的障碍，因此被拆除，"防胡"长城的重要性则更为突出。为驱逐匈奴，秦始皇下令修筑长城。秦长城西起甘肃岷县，经黄河河套以北的阴山山脉，东止于今朝鲜平壤西北清川江入海处。汉代长城东起辽东，经阴山、河西走廊，直达新疆罗布泊以西。

我们今天看到的是明长城遗迹，东起鸭绿江口，经辽东沿燕山山脉巍然耸立屏护北京，然后斜穿黄河河套，直抵甘肃嘉峪关。令人惊奇的是，长城的走向几乎与 400 毫米等降水量线重合。这恰恰说明，长城是湿润的农耕区与干旱的游牧区的边界，是农耕民族护卫发达的农耕经济和中原文化的防线，护卫了先进的农耕文明。

（2）农耕民族与游牧民族的融合

农耕民族与游牧民族以迁移、聚合、和亲、互市等形式为途径，实行民族融合和经济文化互补。

当草原上水草丰茂，游牧民族日常生活所需能得到满足时，两个民族之间便以和平方式，大体沿长城一线和各关口，向对方更广阔的地域延伸，进行经济、文化等的交流。例如，游牧人以畜产品同农耕人交换粮食、茶叶、布帛和铁器等，来获得日常生活必需品。这种物资交换形式后来被称为"茶马互市"。①

从一定意义上讲，农耕民族与游牧民族之间的战争，也促进了文化交流和民族融合。游牧民族从农耕民族那里学到了生产技术、政治制度和文化，促进了本民族的社会发展，也促进了中原农耕文化向周边扩展和多元文化融合。例如，南迁的北魏鲜卑人孝文帝热爱汉文化，积极实行以三长制、均田制为内容的汉化改革，使北魏社会迅速发展。

虽然游牧民族的社会发展水平比农耕民族低，但他们具有的勇武善战、精于骑射、粗犷强劲和富于流动性等优点，很好地完善了稳健儒雅的农耕文化。例如，战国时赵武灵王的"胡服骑射"，汉唐时期开通西域的丝绸之路，都是农耕民族从游牧民族吸纳有益文化养分，发展本民族文化的生动事例。

此外，元朝时，蒙古人入主中原后，元世祖忽必烈将首都迁至农耕区的大都（今北京），表现了其对汉文化的归依。之后的女真、满族等游牧民族和半农半牧的民族，在接触农耕文化后无一例外地被同化。这一结果说明农耕文化是具有强大的吸纳性和包容性的文化，对异文化具有巨大的同化作用。农耕经济与游牧经济作为中国大陆的两种经济类型，历经数千年相互融合、互为补充，使农耕文化更具绝对优势，更加气势恢宏。

农耕经济在中国古代社会经济生活中居于主导地位，贯穿于中国传统社会的始终。中国传统文化的特性，深深地植根于农耕经济基础之中。农耕经济对中国

---

① 刘德润. 中国文化十六讲 [M]. 上海：世界图书出版公司，2019.

传统文化的影响，具体体现在以下几个方面。

①传统文化民本主义和集权主义共存

中国传统文化中的民本主义和集权主义相辅相成，是由以农耕经济为主体的社会所决定的。古代中国是农业社会，集权政体赖以生存的物质资料都要由农民生产出来，所以只有农民安居乐业，社会生产才能稳定有序，这体现的不仅是对下层百姓遭遇的同情怜悯，更是已经提到了政治高度，将"民"确立为"邦"之根本，认识到"民意"是安邦治国的决定力量。孟子提出"民贵君轻""政得其民"的观点，对民本思想作进一步的系统发挥，"民为贵，社稷次之，君为轻。是故得乎丘民而为天子，得乎天子为诸侯，得乎诸侯为大夫。"[①] 荀子论证了君民关系，"君者舟也，庶人者水也。水则载舟，水则覆舟。"[②] 这是民本主义的实质。

与民本主义相伴相生的，是集权主义。古代中国农耕经济所需求的社会安定，决定了实现国家的大一统，要依靠政治上和思想上的君主集权主义。为了抵御外敌、维护社会安宁和有序运行，需要建立大一统的集权政治，也就是所谓的东方专制主义。

中国古代大多数学派和思想家都有不同程度的尊君思想。春秋战国时期的法家，是绝对君权论的始作俑者。在君主统辖之下的臣民不具备独立人格，视、听、言、行皆以君之旨意为转移。早在2000年前的秦汉时期，就确立了专制主义的中央集权君主政体，这成为中国古代农业社会的一个显著特征。

②传统文化安土重迁和务实品格的形成

生活在中国大陆的华夏先民，栖息于大江大河灌溉的肥沃原野间，很早就结束了流动的渔猎生活，定居下来以农耕为主要生计方式。农业社会的特点是定著安居，国人的观念中对土地有着深深的眷恋，土地成为人们生产生活的根本。除少数行走的商贩和宦游的士子外，大多数汉族人尤其是农民，日出而作，日落而息，终生固着在土地上。汉民族养成了一种"安土重迁"的习惯，一般不愿离开故土，除非极端严重的战乱和灾荒。而且一个人无论离开故土有多远，死后都要安葬于故乡。

中国传统文化的安土重迁，发挥了巨大的凝聚作用，使国人对故乡、民族、国家产生了强烈的归属感和认同感。诗经、楚辞、汉赋、唐诗、宋词和明清小说

① （战国）孟轲著；李晨森译. 孟子 [M]. 北京：煤炭工业出版社，2017.
② （战国）荀子著；中华文化讲堂译. 荀子 [M]. 北京：团结出版社，2017.

等文学作品中，无不洋溢着无数士人对乡土的无限眷恋之情。

长期的农耕生产，造就了中华民族群体质朴的品格和务实精神。在从事农事劳作中，一分耕耘，一分收获的生活经验，让华夏儿女领悟到一条朴实的真理——"利无幸至，力不虚掷"。说空话无益于事，实心做必有收获。久而久之，中华民族重实际而黜玄想的观念，越来越根深蒂固。古代中国基于实用基础之上的农学、天文学、医学等领域十分发达。

农耕经济对中国人务实品格的影响，还有其他的突出表现。例如，中国人在对待各种宗教的态度上，自始至终未陷入迷狂，世俗的、入世的思想始终压倒神异的、出世的思想。

③中国传统文化对凝重迟滞与崇尚中和的追求

农业社会所采用的是农业劳动力和主要生产资料（土地）高度结合的生产方式。劳动者被固定在土地上，既是生产劳动的需要，也是统治阶级的需要。在农耕生产方式下，劳动者满足于自给自足，维持简单再生产，缺乏扩大再生产的动力，社会发展运行缓慢迟滞。

在这样的生活环境中，人们极易滋生永恒意识，认为世间万事万物都是恒久、静定、守常的，在日常生活中表现出蹈常袭故、好常恶变的习性。求"久"、求"常"、凝重，保守秉性，致使社会普遍安于现状，人们缺乏远见和开拓精神。人们对统治秩序希望稳定守常，对家族祈求延绵永远，对器物追求经久耐用，都是求"久"、求"常"意识的表现。

农耕民族的这种凝重迟滞，与游牧民族以战争掠夺、军事征服为荣耀的心理不同，也不同于以商品交换、对外拓展和海外殖民为意向的民族。古代中国士大夫们留下的各类典籍中，能够发现"礼运大同""兼爱非攻""庄生梦蝶"等美好的理想或奇妙的玄想，却从未发现过海外扩张和征服世界的狂想。因此，古代中国人平实、求安的文化心理，中国传统文化的厚实凝重性是农业社会特征的具体体现。

为了让自身的行为适应、顺从恒久的自然规律和社会秩序，我们的先哲们创造性地提出了中庸之道，并以之作为立身处世的基准。中庸思想作为中国传统文化的重要内容，蕴含的人生智慧，源自农耕经济的土壤。可以说，"中庸"既是儒家思想的基本精神、也是中国文化的基本特征之一。

中庸之道承认对立面的对立、统一，强调用缓和、适度的方法解决矛盾，成为调节社会矛盾使之达到中和状态的高级哲理。中庸之道用于政治，可抑制兼并，均平田产、权利；用于文化则可在多元文化交汇时，讲究求同存异，兼容并包；用于人格则可盛行温、良、恭、俭、让的君子之风。这与工商业发达的古希腊社会，人们推崇的自我表现、竞争交易之风形成鲜明的对比。

④中国传统文化变易观与循环论的形成

农耕生产的春耕、夏耘、秋收、冬藏，昭示着事物生生不息的变化发展。与农业生产四季反复变化相一致的变易观应运而生，并且与恒久观念相辅相成，在中国源远流长，影响深远。

中国传统文化变易观的思维方式与循环论紧密相连。中国农业文明成熟较早，农业生产随着四季更替循环而周而复始的现象，是中国传统文化循环论产生的基础，并长期影响着中国人的思维方式。政治生活中朝代的盛衰更迭，治乱分合的往复交替，以及人世间的种种变换离合，更强化了循环观念。金、木、水、火、土，五行相生相克，循环往复，构成了一个完整的体系，也是循环论的重要表现。

⑤中国传统文化兼容并蓄与和谐大同观念的形成

中国疆域辽阔，各区域的地理环境和自然气候条件各异，形成了不同的生计方式和各具特色的区域文化——秦晋文化、吴越文化、齐鲁文化、楚宋文化等，并且长期吸纳周边少数民族的优秀文化，使中国传统文化有了多样性和兼容并蓄的特点。

在古代中国农耕经济发展的同时，始终保留着多样化的经济成分。从横向看，不仅仅是农业生产，还包含手工业、商业等多种经济成分。从纵向看，中国经济在商代时是原始协作式农业自然经济，秦汉至明清则为农业与家庭手工业相结合的经济，到近代时出现农业与工商业并存的经济形态。农耕经济的多元化结构，也造就了中国传统文化兼容并蓄的包容性特征。在古代中国，战争、自然灾害的发生都引起了人口流动，使不同派别、不同类型的思想文化交相渗透、兼容并包、多样统一，表现了中国传统文化有容乃大的雄伟气魄。

中国传统文化的和谐观念与中国的农耕经济是息息相关的。受农耕经济的影响，人们形成了固守家园、起居有定、耕作有时、安土重迁、和平相处的观念，由此派生了防守自卫的民族心理。因此，追求和谐成了中国传统文化的重要特点，也是中国传统价值观念。和谐成为农耕民族追求的目标和生活的价值，由此可推行到社会生活的各个层面，由个人和谐推衍到家庭和谐、社会和谐，推衍到国家乃至世界的层面，便是追求"天下为公"的"大同"理想。

（三）社会环境

人是社会性的动物，社会性是人区别于动物的基本特征之一。人的社会性的外化形式是社会结构。人类文化的创造不仅离不开自然环境提供的地理舞台，也离不开社会环境（即社会结构）为人类文化创造提供的组织舞台。

我们的先民正是凭借一定的组织形式，交流协作、互相帮助，克服恶劣的自然环境，用大脑和双手，创造出辉煌灿烂的中国文化。中国传统社会政治结构的突出特点是"家国同构"。该社会政治结构是由带有某种血缘温情的宗法制度和中国一脉相承的专制制度相结合的产物。中国传统社会政治结构对中国传统文化的影响，包括占主导地位的意识形态、哲学思想、宗教信仰、伦理道德、文学艺术、民风民俗，甚至科学技术等诸多领域。因此，中国传统社会政治结构就成为透视中国传统文化的一个非常重要的"窗口"。

1.宗法性

在历史进程中，中国社会结构发生过种种变迁，然而，以血缘纽带维系的宗法制度长期留存，影响到社会生活的方方面面。宗法制度，是氏族社会成员之间牢固的亲族血缘关系在新的历史条件下演化而成的，是血缘关系与社会政治等关系密切交融、凝结的产物，是一种复杂但井然有序的血缘政治社会构造体系。在中国，宗法制度的产生与确立是一个漫长而复杂的过程。

（1）宗法制度的产生

人类走着大体相同的道路，在阶级产生以前大都是以血缘关系为纽带建立起来的组织形式，由最先的原始群居，发展为氏族，继而又发展为部落。

在阶级、国家产生之后，由于受自然环境及各地居民不同生活方式的影响，血缘关系在社会生活中的表现形态及地位出现了重大差异。例如，地中海沿岸的古希腊，人们长期生活在多岛的海洋型地理环境中，很早就从事海上商业贸易活动。这种流动性很强的生计方式，冲淡了蒙昧时代的血缘关系，形成了以地域和财产关系为基础的城邦社会。

中华民族是在"负陆面海"的一块广袤大陆上独自发展起来的，自然地理环境和生计方式与古希腊有很大差异。中国大陆面积辽阔，地形地貌复杂，气候类型多样，有高山峻岭，有一望无际的平原，还有无数的河流和湖泊，以至于在先民的眼里中国就是天下。中华先民生活在半封闭的广阔区域内，很早就以农耕为主要生计方式，过着"日出而作，日落而息"的定居生活。聚族而居，与世隔绝的生活方式，即使完成了从野蛮到文明的转型后，也没有冲破人类原有的血缘关系，血缘家族的社会组织形式被长期留存下来。需要明确的是，氏族社会的血缘关系与文明时代的血缘关系有着本质的区别，前者是原始民主制的基础，而后者则是阶级专制的基础。

在中国传统文化中，"宗"与"族"相互依存，同"宗"者必是同一血缘，共祭同一祖庙；同"族"者必有共同所亲之祖，所敬之宗。在"宗族"这一概念中，祖先崇拜和血缘关系被有机地结合在一起，血缘关系是祖先崇拜的基础，祖先崇拜又是强化血缘关系的纽带。二者不断地被强化和延续，成为中国传统社会赖以存在的核心，形成了延续数千年的血缘宗法制度。这种以血缘关系为纽带所形成的宗法制度，其渊源可追溯到原始父系氏族公社或家庭公社时期。作为一种制度，它形成于商，完善于周。

（2）宗法制度的确立

在商代宗族制度的基础上，西周统治者建立了一套体系完整、等级严格的宗法制度。宗法制是周代贵族一项重要的社会政治制度，其核心内容是嫡长子继承制。

宗法制度的嫡长子继承制，始祖的嫡长子继承宗统，之后历代继承宗统的都是嫡长子，这个系统被称为大宗。嫡长子称为宗子，为族人所共尊。嫡长子孙以外的众子，相对于大宗而言则叫作小宗。在小宗范围内仍实行宗法制，即第一代的始祖财产、权力由一代一代的嫡长子继承，由此形成这个宗族内的大宗，相对于这个大宗系统而言，其余子系统则为小宗，这个系统内的小宗仍可按宗法制再进行大小宗的划分。嫡长子继承制是从父权制社会演化而来，用父子血缘亲情来维系王权的稳定。周天子及其继承者，从君统看他是天下的共主，是政治上的最高统治者，从宗统看他又是天下的大宗。嫡长子占据最高王位。因为嫡长子只有一个，所以就杜绝了兄弟之间为争王位而造成的战乱，对稳定社会和政治秩序起到了一定的作用。

分封制，史书上称为授民、授疆土，以宗法制为依托，内容是大宗对小宗的层层分封，即从周天子开始，把周族政治势力控制的领土、统治权和被征服的异族人口层层地分给下级宗法贵族。具体是周天子封余子以及姻亲贵族和功臣为诸侯，称国；诸侯封自己的小宗为大夫，称家；大夫再封小宗为士。士是周代贵族系统中最末的一等，士以下没有再分封。在分封系统中，诸侯和大夫具有大宗和小宗的双重身份。按照周代分封制规定，天子和受封的诸侯之间有一定的权利和义务。天子有巡狩解决诸侯争端，统领诸侯进行军事行动的责任；诸侯有定期朝觐天子，进献贡纳，入朝服役之义务。其他的封主和封臣之间也有类似的权利和义务关系。

宗法制度以血缘亲疏来认定同宗子孙的尊卑等级关系，以维护宗族的团结，所以十分强调尊祖敬宗，有严格的宗庙祭祀制度。宗庙祭祀制度是为了维护宗族网络而发展起来的。历代君主十分重视宗庙建设，将其与社稷并重，作为国家权力的象征，王宫前左宗（太庙）右社（社稷坛）的建筑格局一直沿袭到明清时代。北京故宫前左侧的劳动人民文化宫便是明清的太庙，右侧的中山公园是明清的社稷坛。民间建有祠堂和家庙，作为家族祭祖之地。西周社会是利用宗法的组织形式来管理国家，把血缘关系与政治等级关系结合起来，整个社会制度就是一个金字塔式的等级结构。

（3）宗法制度对中国传统社会结构的影响

"家国同构"是宗法社会最鲜明的结构特征。严格意义上的宗法制，虽然在周代以后就不复存在了，"家国同构"的精神却根植于数千年的中国古代社会中。

所谓"家国同构"，是指家庭、家族和国家在组织结构方面的同一性。"国"与"家"在结构上一致，以血亲—宗法关系来统领，组织系统和权力配置都是严格的父家长制。在家庭、家族内，父家长地位至尊，权力至大；在国内，君王地位至尊，权力至大。在"家国同构"的格局之下，家是小国，国是大家。父家长因其血统上的宗主地位，统率其族众家人，并且其宗主地位并不因其生命的停止而中止，而是通过血脉遗传代代相传。这导致中国古代社会地缘政治、等级制度等社会结构，始终未能完全独立于血亲—宗法关系而存在。在"家国同构"的格局下，家族是家庭的扩大，国家是家族的扩大和延伸。简而言之，父为"家君"，君为"国父"。君父同伦，家国同构，宗法制度渗透于社会整体，甚至掩盖了阶级和等级关系。

尽管古代中国的奴隶制国家和封建制国家是按地缘原则建立起来的，不同于原始的氏族部落，却始终未能摆脱氏族血亲——宗法关系的纠缠。在某种意义上说，中国的奴隶社会是宗法奴隶制，是家族的政治化。中国"家国同构"的社会结构与印度、欧洲大不相同，这大大影响了中国文化的形态。

2.专制性

在中国大陆，国家产生于夏代，就国体而言，以地主阶级专政时间最长；就政体而言，以君主专制历时最长。从世界范围看，这种地主阶级专政的君主专制国家制度，在中国出现最早，发展最充分。

在战国时期，以君主为最高统治者的中央集权制度就已经建立起来。秦统一后，中央集权达到一个新的高度，至明清时期发展到顶峰。古代中国的君主专制国家制度形成之早，历时之久，是世界上其他任何国家所无法比拟的。

君主专制分为两种类型：一种以英、法、德等国为代表的欧洲型，另一种以中国、土耳其等国为代表的东方或亚洲型。由于两种类型的君主专制产生的社会历史条件不同，所以表现形态、集权程度、持续时段、历史作用等，尤其是对各民族、国家文化发展的制约和影响也大不相同。例如，英国的君主专制政体形成于封建社会的晚期，资本主义已经萌芽，新兴资产阶级势力勃然兴起，君主专制制度的阶级基础既有封建贵族势力，又有僧侣、地主和新兴资产阶级。英国的君主专制在维护旧的封建贵族利益的同时，也在拉拢资产阶级，鼓励工商业的发展和海外贸易活动。这在客观上保护和推动了资本主义生产方式的成长。

与欧洲相比，中国君主专制政治的阶级基础是地主阶级，还包括数量极大的自耕农，所依赖的主要生计方式是小农经济和家庭手工业相结合的自然经济。这种自然经济抑制了商品经济的形成和发展，阻碍了中国新的资本主义生产关系的萌芽和发展。与欧洲国家相比，中国君主专制制度具有以下几个特点。

（1）产生时间早，持续时间长

中国君主专制出现的年代先于世界诸国，在国家初成的前封建时代——商周时期便已见端倪。春秋战国时期，君主专制便已出现。列国诸侯不仅以争夺中原霸主地位为目标，而且在自己的疆域内实行专制统治，用郡县制取代分封制，用官僚制取代世卿世禄制。公元前206年，秦王嬴政统一全国、建立起高度中央集权的君主专制政体。此后直到明清，专制主义中央集权政治愈演愈烈，持久不衰。

从春秋战国直到公元 20 世纪初辛亥革命推翻清朝统治，专制政权在中国存在了 2000 多年的时间，在世界上是绝无仅有的。

专制政体的长期延续，是中国文化与异文化的重要区别之一。欧洲从中古到近代也存在一个"神圣罗马帝国"，但在绝大部分时间内不过空有其名，充其量只是一个松散的军事行政联合体，不能与中国从秦汉直至明清的大一统中央集权专制帝国相提并论。

（2）经济基础深厚稳固

作为上层建筑的中国君主专制政体延续 2000 多年，是因为植根于土地国有和自给自足的小农经济的经济基础。在商周时期，全国的土地都是君主的私有财产。春秋以后，虽然出现过土地多级所有的局面，但土地主要集中在贵族和地主阶级的手里。在整个封建时代，国家对土地占有绝对的所有权。加之官僚、地主对农民土地的大量兼并和残酷剥削压迫，农民的生活极度困苦。因此，处于这种小生产状态下的自耕农和佃农抵御天灾人祸的能力十分有限。正如马克思所言，脆弱的经济地位决定了"他们不能代表自己，一定要别人来代表他们。他们的代表一定要同时是他们的主宰，是高高站在他们上面的权威，是不受限制的政府权力，这种权力保护他们不受其他阶级侵犯，并从上面赐给他们雨水和阳光。所以，归根到底，小农的政治影响表现为行政权力支配社会"。[1]

中国古代君主专制权力，是维护封建统治者和广大农民之间此消彼长关系的调节器。也就是说，地主和农民之间是对立统一的关系。广大农民的存在，是实现封建地主统治的基础。当农民失去土地，流离失所时，统治者就会采取一些措施。例如，释放奴婢为庶民，限制对土地的占有，抑制兼并；进行土地制度和赋税制度的改革，如占田制、均田制、两税法、一条鞭法，甚至严厉打击不法豪强等等。这些都是为了维护君主专制制度赖以存在的经济基础，使得社会各阶级力量保持在一种动态平衡状态，从而维护国家的生存根基。中国君主专制政体延续时间如此之长的奥秘就是，自给自足的小农经济与君主专制政治相互为用。

（3）君主专制集权趋于极端

中国君主专制的集权程度，总趋势是愈益强化。皇帝本人集立法、司法、行政、军事指挥等权力于一身，将中央集权专制推至极端。从秦始皇开始，直至清

---

① （德）马克思，（德）恩格斯著；中共中央马克思恩格斯列宁斯大林著作编译局译. 马克思恩格斯选集第 1 卷 [M]. 北京：人民出版社，1966.

朝，这一传统从未断绝。古代中国社会，帝王一人治理一国家内的庞杂政务，必无可能。所以，历代帝王都重视选拔贤能，调度各方机构协调运转。丞相一职是作为绝对君权的工具设置的，与君权不应有冲突，但在实际行使职权过程中，二者却时常发生矛盾。君权与相权之间关系的基本发展趋势是，君权日益增强，相权日益削弱。到了明代，君主专制走向极端。朱元璋废除丞相职位，规定吏、户、礼、兵、刑、工六部长官直接对皇帝负责，相权消失。丞相一职由盛而衰，到最终消亡的过程，有力地证明了君权不断强化趋向极端，这说明中国君主专制集权之烈，确乎世所罕见。

中国传统社会结构的宗法型特征，形成了中国传统文化的伦理型范式。传统文化的伦理型范式给社会发展带来的既有正面影响，也有负面影响。正面影响表现为浓厚的孝亲情感。该情感既表现为对长辈的绝对顺从、孝敬，也表现为对死去先者的隆重祭奠。"百善孝为先"，孝道被视为道德规范的核心和母体，忠君、敬长、从兄、尊上等都是孝道的延伸。凝聚力是中华民族赖以生存和发展的内在动力，伴随着中华民族的形成发展而形成发展。中国传统社会独特的血缘、地缘关系，对中华民族凝聚力的形成发挥了巨大作用。对传统的极端尊重，提升了中国文化的延续力，使其成为世界上罕见的不曾中断的文化形态。

（4）宗法伦理观念构成中国文化意识形态的核心

在中国，伦理学成为社会首屈一指的文化门类，反映于学术文化领域，便是道德论、宇宙论和认识论的互摄互涵。伦理型范式的负面影响有，三纲五常的伦理说教，"存理灭欲"的修身养性等，成为中国文化健康发展的障碍。

古代中国社会结构的专制性特征，导致中国文化形成了政治型范式。该范式给社会带来的正向影响有中华民族的整体观念，国家利益至上观念，造就了民族心理上的文化认同，文人学士的经世致用思想等。中国君主专制政治的长期延续，文化专制也随之更加严密，制约了思想文化的健康发展。马克思指出，"统治阶级将物质的生产归其统治，同时也要求安排精神的生产手段"。[①] 对于中国君主专制的君主来说，最适合的"精神生产手段"便是"思想大一统"。中国文化的政治型范式带来的负面影响有，国人存有奴性的服从心态，对权威、权力的迷信，个人自信心的缺乏，等等。宗法与专制的结合，在政治上表现为儒法合流，在文

---

① （德）马克思，（德）恩格斯. 德意志意识形态 [M]. 北京：人民出版社，2018.

化上的反映则是伦理政治化和政治伦理化，突出地表现为"内圣外王"的心态，即修身、齐家、治国、平天下的人生理想和追求。这一特点，在先秦时期已经形成，以后经过汉代经学、魏晋玄学、隋唐佛学、宋明理学，形式上虽多有变化，但这一传统一直被延续下来。中国文化伦理政治化和政治伦理化的范式，从"内圣外王"的矛盾统一体中获得了坚韧的理论架构，并以小农自然经济和宗法专制社会的政治结构作为坚实基础，组合成一个严密体系。

二、传统文化的发展

（一）先秦时期

先秦时期，是中国文化的真正开始。中国文化孕育发端于上古时期，殷商西周时期初具形态。到了春秋战国时期，出现了百家争鸣的文化景观，掀开了中国文化史上最光彩夺目的篇章，为中国文化的发展奠定了基石。

1.上古

中华民族作为一个古老的民族，经历了若干万年的原始社会，史学家称之为上古时期。我国古代文献中保存着该时期的历史传说，中国文化孕育和发端于该历史时期。

要了解中国文化的源头，首先要了解中国人的起源，因为中国文化是中国人创造的。所谓文化是在人与自然的互动中产生的，是和自然相对立的人文化。人和自然之间，是对立统一的关系。人类在适应和改造环境的过程中，既改造了自身，又创造了文化。人只有在创造文化的活动中方成为真正意义上的人，也只有在文化活动中，人才能获得真正的自由。中国文化的起源与中国人的起源是紧密联系在一起的。中国很早就有盘古开天地、女娲抟土造人的神话传说，还有记载了中华民族人文始祖炎帝、黄帝创造赫赫业绩的文献史料，最能说明中国人起源的是，20世纪以来考古发现的早期人类大量的遗址和实物资料。

人类体质的发展，大体分为猿人、古人、新人三个阶段。据考古学家们研究证实，人类起源发展的三个阶段在中国大陆都有据可考。在华夏大地上，至少200万年以前就留下了中华民族祖先的遗迹，他们的足迹遍及全国各地。1998年在安徽繁昌县孙村镇发现了250万年前的人类遗址，1965年在云南元谋发现了

170 万年前的人类化石，这是中国境内最早的人类活动的历史证据。从孙村人、元谋人，经过蓝田人、北京猿人、丁村人、河套人和山顶洞人等阶段，种种历史遗迹表明了在人类进化的各个阶段中国都没有缺环，可以建立较为完整的进化序列。在漫长的历史长河中，人类不仅完成了从猿到人的转变，在该转变过程中也创造了文化。

文化一经在古代中国大陆上产生，就呈多地域分布状态。大约在公元前 7000 年，中国文明进入新石器时代。农业是该时期最重要的发明，使人类生活由完全依赖自然赐予过渡到改造自然进行生产，建立了生产型经济。从此，人类结束了因采集和狩猎而需不断迁徙的生活方式，转变为定居，以种植植物为主。这是人类征服自然、改善自身生活的一个里程碑，是人类文化创造上的巨大进步。

新石器时期的文化遗址遍布全国各地，已经发现了 7000 多处，它们之间既有内在联系和统一性，又带有区域性特点，可以分为不同的文化群落。这表明，在古代中国大陆，原始文化出现了多地域分布状态。在黄河中下游地区，著名的文化遗址有仰韶文化遗址、大汶口文化遗址、龙山文化遗址（山东、河南）等；在长江中下游地区有良渚文化遗址、马家窑文化遗址、龙山文化遗址（湖北）、屈家岭文化遗址等；在以燕山为中心的燕辽地区有红山文化遗址等。随着氏族部落之间的交往、斗争和融合，各文化之间也出现了融合。

2.殷商西周

原始社会的人们开创了制造简单生产工具和生活用品的文化活动。随着原始思维的发展逐渐形成了原始宗教观念——自然崇拜、图腾崇拜、祖先崇拜等，但是，这些原始宗教观念尚不具备系统化、理论化的特征。直到殷商西周时期，中国文化的基本形态才得以形成。

在夏商西周时期，从文字的发明到青铜器具的使用，从宗法、礼乐制度的创建到人本精神的确立，中国文化迈出了重要的一步，为之后中国文化发展奠定了基础。

（1）"天命神权"的神本文化

公元前 21 世纪，中国历史上第一个国家政权——夏朝建立，中国文化也迈出了重要一步。商兴起于黄河中下游的一个古老部落，是继夏朝之后的第二个奴隶制国家。初始阶段，商人主要以游耕为生计方式。与此相适应，商人的都城一再迁徙。盘庚迁都于殷后，商也称殷，又称殷商。在殷都传位八代十二王，历时270多年。在长期定都的条件下，商朝的文明水平有了显著提高。

殷商出现了甲骨文，其单字约在3000以上。后人所谓的"六书"——象形、指事、会意、假借、形声、转注六种构字法，在甲骨文中都已具备，这表明中国文字已进入较成熟的阶段。有了成熟的文字，就有了中国最早的文献。

殷商时期，青铜冶铸业得到了长足发展，标志着生产力水平的提高。安阳殷墟出土的铜器，不仅数量多，品种多，而且制作也很精美。据考古发现，商周时期不仅出现了大规模的冶炼铸造作坊，而且采用了与后世铸铜合金成分相近的配置标准。青铜在该时期作为制造生产工具、生活用具和武器的重要原料，在各个领域取代了石器和陶器，被铸造成各式各样的复杂器物。在各种青铜器中，最重要的是礼器，又称为彝器。例如，鼎最为重要，一度成为国家政权的象征物。

殷商时期，人们仍然无法回答长久积聚在心中带有世界观性质的重大问题。例如，命运观念、天命观念等等。因而在以神秘性、笼统性为特征的原始思维支配下，商人尊神重巫，体现出强烈的神本文化特色。

商人观念中的神，地位最高的是"天"或"帝"，将原始人对自然和祖先的崇拜观念在此演化成"天神至上"的观念。将"天"视为宇宙中最高的主宰，天命神权成为商统治尊奉的宗教世界观。在天命神权的神本文化支配下，商朝在生产、征伐、封邑等重大事宜上都要通过卜辞征求"上帝"的意见。

除了"上帝"崇拜，商人还有祖先崇拜。相对于"上帝"来说，祖宗神居于第二位。商人认为商的先公死后可宾于帝，以沟通上帝和人世。商时占术盛行，祭祀活动十分隆重，有的规模盛大，这也体现了天命神权的神本文化特征。

殷商文化的天命神权特色，是人类思维水平尚处于蒙昧阶段的产物。随着人们社会实践经验的丰富，体力和智力水平不断提升，对神权的崇拜逐渐淡薄，对自身能力的信心则与日俱增。天命神权的神本文化逐渐向以人为本的文化过渡，商周之际的社会大变动便是转化的契机。

（2）"以德配天"的文化维新

周是渭水中游的一个古老部落，作为偏处西部的小邦，曾长期附属于商。公元前11世纪周灭了商，建立了周朝。周朝建立后，进行了一系列的文化维新，对之后中国文化的发展具有重要的意义。

宗法制度的确立是周朝"文化维新"的重要表现之一。宗法制兼具政治权力统治和血亲道德制约双重功能。周朝利用宗法制度，建立了一个从天子、诸侯、卿大夫到士的金字塔式的严密统治程序。周朝是中国历史上第一次形成的，以华夏族为主体的统一王国，奴隶制国家机构和政治制度臻于完善。

周朝统治者继承并发展了殷商的"天命神权"思想，形成了一种完整的宗法奴隶制的意识形态。周朝统治者仍信奉"天"是宇宙中最高的主宰，但又不完全信赖天命，引进了"德"的概念来解释王朝更替、人世盛衰等社会现象。周朝统治者总结了夏亡殷灭的历史教训，更加重视民心。天命虽然重要，但要得到民心就须施行德政。周朝统治者提出了敬德保民、以德配天的思想，成了儒家主张"德治"的思想渊源。周朝的以德配天思想具有重要的理论意义，改变了人完全屈服于神的状态，意味着人可以参与对世界的主宰。这标志着殷商以神为本的文化开始向以人为本的文化过渡。

从思想文化的角度来看，西周"以德配天"思想的意义在于：第一，周初的统治者对统治权威的来源和依据问题已有充分认识。由于历史的局限性，他们仍然打着皇天、上帝的旗号，但是事实上，他们对皇天上帝背后民意的真正决定作用已有清醒的认识。第二，从"以德配天"的核心理念出发，周人合乎逻辑地引发出一系列政治统治的思想和手段，其中，最重要的是"无逸"和"民彝"思想。无逸，是说统治者不要懈怠和放纵，即在治理方面要尽心竭力，严肃端敬，在生活方面要严于律己；民彝，是说为百姓制定各种规范，并且引导他们去遵守。第三，"以德配天"的落脚点是保民和德政，它所包含的爱护百姓、引导百姓的思想是难能可贵的。这一思想后来被儒家发展为系统的仁政思想，成为中国古代政治思想的主流。

3.春秋战国

（1）"百家争鸣"得以产生的社会条件

激烈的兼并战争打破了孤立、静态的生活格局，文化传播规模日盛，多因素的冲突、交织与渗透提供了文化重组的机会。在这充满战乱的动荡年代，中国文化奏起了辉煌的乐章。

①士阶层的崛起

各国国君为了富国强兵竞相礼贤下士，甚至一些官僚、贵族也招贤纳士，养士之风盛行。积极致力于争霸事业的诸侯对人才的渴求，更加助长了士阶层的声势。处于贵族最底层的士阶层，从沉重的宗法制樊篱获得解放，取得了独立的社会身份地位。士的崛起，意味着一个以"劳心"为务，专业从事精神性创造的文化阶层形成。

②文化教育的大发展

殷商西周时期，巫史掌管文化教育，维护贵族阶层垄断文化的特权，只有贵族子弟才有受教育的权利。一般人被排斥在"官学"之外，没有受教育的权利和机会。在王公贵族、诸侯大夫门下从事各种文化活动的"士"，不得不流落民间。到了春秋战国时期，社会大裂变致使文化教育得到普及和较大发展，打破了以往少数贵族垄断文化知识的格局，由"学在官府"走向"学在民间"。

与此同时，原先深藏在宫廷的文化典籍也流传于民间，成为一般平民的读物。"官学"的崩溃，必然促成私学的兴起。在这样的历史条件下，孔子首创私学，使大批新兴地主、商人和农家子弟也有了受教育的机会。这对于冲破"学在官府"——贵族垄断文化的局面，促进"学在民间"的文化下移，推动历史前进具有积极的作用。

③宽松自由的学术氛围

竞相争霸的诸侯列国，尚未建立一统的观念形态。学术环境宽松活泼，使文化人有可能进行独立的、富于创造性的精神劳动，从而为道术"天下裂"提供了前提条件。随着周天子共主地位的丧失，世守专职的宫廷文化官员纷纷走向下层或转移到列国，直接推动了"百家争鸣"的兴起。

在战国中期，还出现了像稷下学宫这样盛况空前的学术文化活动中心。稷下学宫建立于齐桓公时，在齐国都城临淄稷门附近，到齐宣王时达到了鼎盛时期。许多著名学者都在稷下学宫讲过学，荀况曾三为学宫"祭酒"，成为当时最有威望的学术领袖。稷下学宫有相当长久的学术传统，是当时最有影响的学术文化活动中心之一。云集在此的各派学者可以各抒己见，自由辩论，相互吸纳，相互批评，这对促进战国时期的百家争鸣和学术繁荣起了非常重要的作用。

正是由于以上几个主要条件的共存，为中华民族的精神发展创造了一种千载难逢的契机，"百家争鸣"正是在这样的文化背景下应运而生，写下了中国文化史上光辉灿烂的一页。

（2）百家争鸣及各学派特征

所谓百家，是指诸子蜂起、学派并立的一种文化现象。由于诸子在社会地位、思维方式和血统承继上的差异，学派风格上各具鲜明的个性特征。

①以"仁"为核心的儒家学说

孔子是春秋末期伟大的思想家和教育家，儒家学派的创始人。其学说体系的核心为仁，仁既是连接儒家学说各范畴的媒介，又是各个范畴和言行的总纲。孔子把仁理解为，仁者"爱人""夫仁者，己欲立而立人，己欲达而达人""己所不欲，勿施于人"。^① 孔子把仁作为人生追求的最高理想，提出"志士仁人，无求生以害仁，有杀身以成仁"。^②

儒家学说体系的核心为仁，体现在政治观上为，反对国君横征暴敛，用残酷的手段统治人民，提倡"为政以德"，用德化的方法使人民对统治者俯首帖耳；体现在社会伦理观上，将"仁"具体化为主体修养的品德，来规范主体的行为，调节人际关系；体现在宗法观上，主张孝悌为"仁"之本，使"仁"植根于宗法血缘基础之中。

儒家学说的特性，在日趋消逝的贵族分封制宗法社会和方兴未艾的封建大一统宗法社会之间架起了一座桥梁。这也是儒家学说虽在动荡变革的形势下显得迂阔难行，却在新的社会秩序稳定后又被推上独尊地位的重要原因。自先秦以降，儒家学说不断发展，最终成为中国传统文化的主干。

②以"道"为本体的道家学说

以老庄为代表的道家，是先秦诸子中与儒家并驾齐驱的又一大流派。道家学说将"道"作为最高的原则，并将其贯穿到宇宙观和认识论中，形成了独具特色的思想体系。

道家学说有着尊重规律的科学精神，朴素深刻的辩证思想，认为"祸兮福之所倚，福兮祸之所伏""有无相生，难易相成，长短相形，高下相倾，音声相和，前后相随"。^③ 也就是说，事物相互对立的两个方面，既相互联系，相互依存，在一定条件下又可以相互转化。

道家学说也有周行循环的形而上学观念，知足不为的消极人生态度，保守

① （春秋）孔丘著；吴兆基译 . 论语 [M]. 成都：四川天地出版社，2020.
② （春秋）孔丘著；吴兆基译 . 论语 [M]. 成都：四川天地出版社，2020.
③ （春秋）老子著；安伦译 . 道德经 [M]. 上海：上海交通大学出版社，2021.

倒退、"知其不可奈何而安之若命"的宿命论。体现在政治主张上则是"无为而治""道常无为而无不为""侯王若能守之，万物将自化"。^①无为就是顺其自然，在政治上不尚贤，"不贵难得之货，使民不为盗"。^②因此老子主张实行"愚民"政策，他号召统治者在统治人民时要实施"虚其心，实其腹，弱其志，强其骨，常使民无知无欲"^③的政策。老子最理想的社会政治制度是"小国寡民"的原始社会。

③墨子及墨家学派

墨子是墨家学派创始人，战国初期思想家。墨家思想反映了下层劳动群众，特别是小手工业者的性格和需求。墨家的政治主张有兼爱、非攻、尚贤等。在墨子看来，"凡人国，必择务而从事焉。国家昏乱，则语之尚贤、尚同；国家贫，则语之节用、节葬；国家憙音湛湎，则语之非乐、非命；国家淫僻无礼，则语之尊天、事鬼；国家务夺侵凌，则语之兼爱、非攻。"^④也就是说，只要"兼相爱，交相利"^⑤，社会上就不会有以强凌弱、以贵傲贱、以智诈愚和互相攻伐的现象了。"三表"是检验认识真伪的标准，"上本之于古者圣王之事"，"下原察百姓耳目之实"，"观其中国家百姓人民之利"。^⑥把事、实、利综合起来，以间接经验、直接经验和社会效果为标准，努力排除个人的主观成见，否定了唯心主义的先验论。

④其他各学派

春秋战国时期，除儒、道、墨三家之外，法家、名家、阴阳家在当时影响也较大。法家是主张法治的一个学派，也是战国时的显学，后来成为秦王朝统治天下的政治理论。韩非集法（政令）、术（策略）、势（权势）之大成、建构成完备的法家理论。其主张变法革新，加强君权，反对世卿世禄制和血缘宗法制；主张发展经济，富国强兵。在治国方略上主张严刑酷法，在文化政策上主张以法为教、以吏为师，实行文化专制主义。法家所推行的政策，为建立与加强统一的封建国家提出了理论根据。西汉以后，儒学独尊，但法家学说仍或隐或显地发挥着作用。以严刑酷法为主要手段的法家思想与以教化为主要特色的儒家思想交互为用，对封建统治巩固和延续起了重要的作用。

---

① （春秋）老子著；安伦译.道德经[M].上海：上海交通大学出版社，2021.
② （春秋）老子著；安伦译.道德经[M].上海：上海交通大学出版社，2021.
③ （春秋）老子著；安伦译.道德经[M].上海：上海交通大学出版社，2021.
④ （战国）墨翟著；曹海英译.墨子[M].哈尔滨：北方文艺出版社，2018.
⑤ （战国）墨翟著；曹海英译.墨子[M].哈尔滨：北方文艺出版社，2018.
⑥ （战国）墨翟著；曹海英译.墨子[M].哈尔滨：北方文艺出版社，2018.

　　春秋战国时期的诸子百家学说，对之后中国封建社会的政治、经济和文化产生了深远影响，尤其是儒家和道家思想对中国传统文化主干的形成起了奠基性的作用。正是经由诸子百家的探索和创造，中国文化精神的各个侧面才得以丰满和完善，大致确定了中国文化的基本取向。

（二）秦代至六朝时期

　　公元前 221 年，经过多年兼并战争，秦终于完成了统一大业，建立了中国历史上第一个封建专制主义的中央集权国家——秦王朝。秦王朝的统治维持了没多久，便在农民大起义的烈焰中轰然坍塌，取而代之的是刘邦建立的汉王朝。秦汉不仅致力于思想文化的统一，而且加强了与外界的文化交流。接下来的中国历史，进入了分裂、动乱的三国魏晋南北朝时期。该时期的显著特征是打破了秦汉以来形成的大一统一元文化格局，经过境内、境外各民族之间的文化交流与融合，中国文化出现了更为丰富多彩、生动活泼的多元发展局面。

　　1.秦汉

　　秦汉大一统局面的形成，标志着中国文化共同体的形成，在中国文化史上具有划时代的意义。

　　（1）文化统一与思想统一

　　秦汉统治者建立了统一的国家后，为了加强和巩固中央集权制，致力于思想文化的统一。

　　①文化统一

　　战国时期，因诸侯割据造成各诸侯国文字、律制和度量衡的不统一。秦始皇统一天下后，解决了之前的种种"异"，建立了统一的文化。文化统一所采取的重要举措有：第一，书同文。下令李斯等人进行文字整理与统一，在周朝大篆的基础上，汲取齐鲁等地通行的蝌蚪文笔画简省的优点，创制出一种人称"秦篆"的新文字。秦篆，形体匀圆齐整，笔画简略。把秦篆作为官方文字颁行全国，是为书同文。第二，车同轨。定车宽以六尺为制，统一车辆形制，一车可通行全国，是为"车同轨"。第三，度同制。颁布统一度量衡的诏书，结束战国时各国货币、度量衡制度混乱的局面，是为"度同制"。第四，地同域。废除周代以来的封邦建国制度，粉碎地区壁垒，将东至大海，西达陇右，北抵阴山，南越五岭的辽阔版图统一于中央朝政的政令、军令之下，又通过大规模的移民，开发边境地区，传播中原文化，是为"地同域"。

秦始皇统一文化，在加强了专制君主集权政治的同时，也增进了秦国各区域内人们在经济生活、文化生活乃至文化心理上的共同性，为中国文化共同体的形成奠定了坚实的基础。

②思想统一

秦汉时期不仅统一了文化，还统一了思想学术，对之后的中国文化产生了十分巨大的影响。公元前213年，秦始皇为了加强专制统治，采纳了李斯的建议，颁布了"收天下书不中用者尽去之"[①]的焚书令和挟书律。次年，卢生、侯生等方士、儒生私下指责秦始皇专任狱吏，贪于权势，秦始皇大怒，将"犯禁者四百六十余人，皆坑之咸阳"[②]，这就是历史上有名的"焚书坑儒"事件。在特定的历史条件下，秦始皇采取统一思想的措施是必要的，但是焚书坑儒毁灭了大量的古代文化典籍，造成了中国文化史上的一次空前浩劫。

（2）恢宏的文化精神

秦汉王朝具有宏大的规模和气象。秦国与东地中海的罗马、南亚次大陆的孔雀王朝并立为世界性三大国家之一。汉帝国的版图更在秦国之上，与其同时并立的世界性大国只有罗马。秦汉帝国的强大，根植于新兴地主阶级的生气勃勃、雄姿英发，由统治阶级所决定的社会文化基调也处于一种不可抑制的开拓、创新的亢奋之中。宏阔的追求成为秦汉文化精神的主旋律，万里绵延、千秋巍然的长城，壮丽的阿房宫，气势磅礴、规模浩大的秦始皇陵兵马俑，无不是秦汉宏阔文化精神的辉煌产物。

开拓进取、宏阔包容的时代精神也激发中国文化共同体的工艺、学术创作高潮，作用于共同体外部的广阔世界，则促进了中外文化的交流。在文学上，汉赋、乐府诗和散文成绩斐然，不但盛极一时而且留下了许多名篇佳作，成为一种富有特色的文体楷模。在史学上，《史记》《汉书》两部巨著的诞生具有划时代的意义，开创了中国史学的新纪元。在数学上，有了《周髀算经》《九章算术》等著作，有了勾股定理的最早记载。在天文学上，有了我国现存最早的天文著作《五星占》，还有最早的太阳黑子记录，张衡发明了浑天仪、候风地动仪等仪器。在医学上，

① 徐卫民 . 秦始皇本纪 [M]. 西安：西北大学出版社，2019.
② 徐卫民 . 秦始皇本纪 [M]. 西安：西北大学出版社，2019.

有了世界上最早的全身麻醉法"麻沸散",世界上最早的健身操"五禽戏",产生了《神农本草经》《伤寒杂病论》等医学著作,出现了张仲景、华佗等著名医家,建立了传统医学的体系。

秦汉时期,中国文化从东、南、西三个方向与外部世界展开了全方位、多层次的文化交流。最著名的文化活动是汉代开辟的丝绸之路,中国以丝绸为主的产品运抵西域和欧洲,西域乃至印度的文明成果也不断地涌进中国,中外经济文化的来往日益频繁,为中国文化增添了灿烂的色彩。

2.魏晋南北朝

魏晋南北朝时期,战乱与割据持续长达四百年之久,打破了封建帝国大一统的集权政治和经济体制。"儒学独尊"为文化内核的一统文化模式也随之崩解,取而代之的是生动活泼的多元文化发展格局。

（1）玄学兴起

玄学是盛行于魏晋时期的一股新的文化思潮,玄学是儒道思想在魏晋社会特定历史条件下融合的产物。

东汉末年,统治阶级的腐败与儒家学说所宣扬的"仁政""礼治"等社会伦理规范截然相悖。在意识形态领域,居于支配地位的儒家学说被烦琐解释而"经学"化,已无力为东汉统治集团作粉饰。黄巾起义所宣传的平等思想,也从根基上动摇了封建的等级观念。社会剧烈动荡,封建统治集团面临严重危机。

严酷的社会现实有力地宣布了儒学的"不周世用"和思想的虚伪,统治阶级需要一种新的意识形态替代汉代儒学,于是玄学应运而生。玄学家们特别推崇《老子》《庄子》和《周易》,将其奉为"三玄"。玄学产生之初,与儒学发生过较为剧烈的冲突。玄、儒二学虽然相互排斥,却也有相互吸收的一面。玄学以道家思想解释儒家经典,援道入儒,儒道兼综。玄学保留了儒学维护上下尊卑的纲常名教,摒弃了董仲舒的天命论,融进了道家的"道""无",以"无"作为宇宙的根本准则。

此外,玄学作为一种本体论哲学,对魏晋人所追求的理想人格的构建是其现实意义所在。在玄学"贵无"思想的影响下,魏晋士人对现实极为不满,采取了远离政治、自命清高的态度。他们要么讨论一些玄远高深的抽象哲理,隐喻时政;要么徜徉山水之间,追求一种怡然自得的恬然生活;要么放浪形骸,有违礼法。

玄学提倡在现实人生中，特别是在情感中达到对"无限"的体验，这使玄学与美学联结在一起，成为魏晋美学的精髓。

（2）道教创立

道教是中国土生土长的宗教，是由秦汉时期的方仙道和黄老道演变而来的。从战国至秦汉时期，燕齐一带的神仙方术与邹衍等人的五行学说相结合，形成了方仙道；汉代时方术又与黄老学说相结合，形成了黄老道；在东汉末年，方仙道与黄老道逐渐演变为早期的道教。东汉顺帝时的《太平经》是道教最初的主要经典。

早期道教主要有两个分支：一是于吉、张角创立的"太平道"，因信奉《太平经》为经典而得名；一是张陵创立的五斗米道，因信奉者出米五斗而得名。东汉熹平年间，张角曾利用太平道组织和领导了黄巾起义。道教从张陵开始，正式奉老子为教主，以《道德经》为主要经典。东晋的葛洪、北朝的寇谦之、南朝的陆修静和陶弘景，逐渐将道教改造成为地主阶级门阀士族服务的贵族宗教。经过魏晋南北朝的改造，道教作为一个完整意义上的宗教已基本定型，隋唐时又有较大发展，成为与佛教相抗衡的一大宗教流派。

作为宗教的一大流派，道教具有宗教的一般特征；作为中华民族创立的宗教，道教具有鲜明的民族特征。道教的教旨是神仙思想，以长生成仙为目标。道教的养气健身术、房中术、炼金服丹术等，都体现了在宗教观念上同传统的哲学流派、思想息息相通，体现了中华民族重现实重现世的民族性格。与此同时，道教还积极调和儒学，将儒学中的伦理精义纳入教义、教规之中，与玄学对待儒学的态度基本上是一致的。

道教与道家之间的关系需要明确的是，道家是道教的主要思想渊源，但是道家不同于道教。道家是老子开创的学术派别，而道教则是一种宗教。道教在形成过程中，为了提高其地位便假托老子为教主，奉《道德经》为经典，故而容易模糊两者的界限。

道教观念中有反映下层人民要求生存权利以及平等互助的思想，道教文化中对古代医学、化学、药物学、养生学等都有自己独到的见解，并提供了许多有价值的材料，对中华文化的发展产生过重大的影响。

（3）佛教传播

魏晋南北朝时期，道教勃兴的同时，来自南亚次大陆的佛教也气势日增地注入了该时期的文化系统。佛教作为外来宗教，起源于印度，在两汉之际传入中国。到魏晋南北朝时期，佛教才得到真正意义上的传播和发展，对中国文化的影响也才日渐广泛和深远，并在传播过程中逐渐融合中国文化而出现中国化。

佛教宣扬人生如苦海，但它可以把人从这种痛苦中解脱出来，进入极乐净土的天堂。由于对佛教理论的解释不同，先后形成了小乘佛教和大乘佛教。从两汉之际到南北朝，佛教在我国的传播、发展大致经历了三个阶段：第一阶段，自传入至三国。该时期佛教多与谶纬迷信相混同，并未得到士大夫阶级和上层社会的重视，朝廷不允许汉人出家当和尚。第二阶段，两晋时期，佛教依附于玄学。该时期玄学之风大兴的氛围和西晋黑暗腐朽的政治环境，为佛教的发展提供了土壤。总的来说，玄、佛一拍即合，玄学几乎完全融入佛教之中。第三阶段，南北朝时期，佛教逐渐摆脱玄学，走上独立发展的道路。

佛教与玄学之所以能很好地融合，重要原因之一就是玄学的"贵无"论与佛教"一切皆空"的思想相通。当时中国流传的佛学主要是般若学。般若学的基本特点是视世界万物为因缘和合所生，没有固定不变的自性。由于般若学的"空观"与玄学的以"无"为本的哲理意趣相接近，所以佛教与玄学迅速调和。佛教适应了玄学形成的注重思辨求理的理性主义文化环境，玄学之士也借助佛教般若本无思想来提高自己的玄解，所以佛教得以迅速发展。佛教文化的流传对中国文化产生了深远的影响。

（4）儒、玄、道、佛的冲突与整合

魏晋南北朝时期，形成了中国传统文化史上儒、玄二学和道、佛二教相互冲突、相互融合的多元激荡的文化奇观。

魏晋南北朝时期，儒、玄、佛、道之间的相互冲突、相互排斥、相互吸收和相互融合，造成了意识形态结构的激烈动荡和文化整合运动。加之该时期匈奴、鲜卑、羯、氐等北方少数民族入主中原而引发的胡汉文化交流与融合，使魏晋南北朝文化呈现出丰富性、多样化的格局。在文化的多重碰撞与融合中，中国传统思想文化得到了多角度的发展和深化。

（三）隋代至元代时期

魏晋南北朝时期，儒、玄、佛、道多元文化相互冲突与融合，推出气势恢宏的隋唐文化。隋唐时期的宏伟壮阔造就了该时期史诗般的文化。以安史之乱为转折点，中国文化出现了大的流转，由大气的唐文化转向了精致的宋文化。唐文化具有开放、外倾、色调浓艳的特点，宋文化则具有相对封闭、内倾、色调淡雅的特征。

1.隋唐

公元 581 年，隋文帝灭亡陈国，结束了数百年来社会动乱、四分五裂的局面。公元 590 年，隋文帝统一南北，结束了南北对峙的局面。此后，隋朝和唐朝积极经营边疆少数民族地区，拓展疆域，形成了国土空前辽阔的统一的多民族封建国家，中国古代社会进入了盛世时代。在隋唐时期大一统的环境下，各民族之间的文化交流日益密切，中外经济文化交流也空前扩大，同时还继承了魏晋以来汉族的传统文化。可以说，该时期的文化发展充满了兼容并蓄的宏大气派。

（1）隋唐文化发展的社会历史条件

隋唐建立初期，统治者比较开明，社会矛盾趋于缓和，实行开明专制，采取儒、道、佛三教并举的政策。提倡儒学，用儒家的忠孝伦理规范人们的行为，增强社会的向心力；大力推崇佛、道二教，作为安定社会、净化风气的有力手段。隋唐还建立了相当完备的国家机构，确立三省六部制以加强中央集权制统治，对之后的历代封建王朝产生了深远的影响。推行科举制度，不以门第而以才学选拔人才，巩固了封建制度，为后世历代所采用。

隋唐时期经济繁荣，国力强盛，当时的综合国力居于世界领先地位，为中外文化的交流创造了条件。该时期中国文化的繁荣，吸引其他国家纷纷派遣使者来华学习，长安成为中外文化汇聚的中心，中国文化被传播到世界各地。与此同时，隋唐文化也以博大的胸襟吸纳异域文化，异域的宗教、医学、音乐、舞蹈等涌入中国，丰富了隋唐文化的内容。中外文化交流达到了中国文化史上的高潮。

隋唐时期，经济繁荣、社会稳定促进了科技发展，科技发展又反过来促进了经济、文化的繁荣。该时期科学技术取得的成就有：恒星位置变化的发现，以及地球子午线的实测在世界天文学史上具有重要地位；雕版印刷术的发明在人类文化传播史上意义重大；孙思邈的《千金方》为中国医学之经典；大运河的开凿促进了南北经济、文化的交流；赵州安济桥是现存世界最古老的跨度最长的单孔石拱桥；唐都长安城的对称布局、棋盘格式的规划和建设，成为古代建筑史上的杰作；唐三彩更是中外驰名的瓷器极品。所有这些，都为中国古代经济、文化和科技的发展谱写了新篇章。

（2）兼容并蓄的宏大气魄

隋唐以强盛的综合国力为根基，以朝气蓬勃的世俗地主阶级知识分子为主体，隋唐文化首先体现出来的是一种无所畏惧、积极进取、兼容并包的宏大气派。例如，唐太宗与以魏徵为首的儒生官僚集团，不仅在政治上实行开明专制，还积极鼓励文艺创作道路的多样性，在意识形态上奉行三教并行政策，不推行文化偏执主义。唐朝对待文化人也较为宽容，学派之间可以自由争论，诗人作诗也少有忌讳。

唐代文化的宏大气魄还体现在以博大的胸怀广为吸纳异域文化上。都城长安作为世界性大都市，成为中外文化交汇的中心。隋唐时期，中国与尼泊尔、印度、巴基斯坦、印度尼西亚、缅甸、斯里兰卡以及中亚、西亚等国都有着广泛的文化交流。南亚的佛学、医学、历法、语言学，中亚的音乐、舞蹈，西亚和西方世界的祆教（波斯人琐罗亚斯德所创）、摩尼教（波斯人摩尼所创）、景教（基督教的聂斯脱里派）、伊斯兰教等为代表的宗教以及医术、建筑艺术、马球运动等，犹如八面来风，一齐拥入唐帝国。

（3）灿烂辉煌的文化成就

隋唐时期，社会政治、经济和科技的空前发展为文化繁荣提供了沃土。加之外域文化精华的不断注入，成就了隋唐文化的丰硕成果。

诗歌取得了最辉煌的成就，成为我国古典诗歌发展的极致。唐朝是一个全民诗情迸发的国度，全民总动员，社会各阶层诗歌创作热情高涨。文人创作的诗篇也通俗易懂，可以传诵于市井。

唐朝是我国古典诗歌创作的巅峰时期，正如闻一多所言，"一般人爱说唐诗，我却要讲'诗唐'，诗唐者，诗的唐朝也。"[①] 在众多的天才诗人中，既有李白、杜甫、王维、白居易、李贺、李商隐、杜牧等诗歌巨匠，又有杨师道、王勃、杨炯、骆宾王等神童诗人，还有上官昭、李季兰、薛涛、鱼玄机等才思超群的女诗人。中国古典诗歌流派众多，风格各异，均达炉火纯青的地步，成为后世效仿的典范。

隋唐时期的史学也盛况空前，成就非凡。在唐代官修史书制度得以确立，设有专门的史馆，史书编撰工作取得很大的成绩，二十四史中有八部是在该时期完

---

① 郑临川 . 闻一多论古典文学 [M]. 重庆：重庆出版社，1984.

成的。史学著作中有了新的创作——《史通》是我国第一部史学评论著作，奠定了我国古代史学理论的基础。《通典》创立了一种新的史体——政书体，开创了我国政治、经济、礼乐、刑法等典章制度分类专史的先例，推动了中国史学的发展。

中国书法在唐代也达到了一个高峰。该时期的篆、草、行、楷都在前人的基础上创造出新的风格，以楷书的成就最为突出，欧（欧阳询）、虞（虞世南）、颜（颜真卿）、柳（柳公权）四大家将唐楷推至登峰造极的地步，其中，颜真卿和柳公权被称为中国书法史上的一代宗师。

另外，唐朝的绘画也达到了很高的水平。初唐的阎文本是著名的人物写实画家，盛唐的吴道子被誉为"百代画圣"。唐代绘画全面发展，山水画、花鸟画成为独立画科，与人物画争芳斗艳。唐朝的雕塑艺术被广泛应用于石窟、寺观、宫廷、陵墓的雕像以及陶瓷、玉石等工艺品中，均达到前所未有的发展水平。

在唐代以韩愈、柳宗元为核心开展的古文运动，创造出一种适合于反映现实、表达思想的文体，并迅速流传。唐代的传奇小说、乐舞等都有丰硕的成果。

2.两宋

宋朝分北、南两宋。公元960年，北宋王朝建立。1126年，金人攻破汴京，从此开始统治北方长达100多年；同时还爆发了靖康之难。宋室南迁，中国文化重心也随之南迁。从此，南方平湖秋月的清雅山水代替了北方的平塞瀚海，南方含蓄委婉的内秀人物品评审美代替了北方粗犷豪迈的征服性人物审美，这些都推动了宋代文化向内省、精致的方向发展。该时期的各种文化要素，无论是哲学、文学、艺术还是社会风俗，都在不同程度上浸润着宋文化的特有风貌。

（1）理学的兴起

理学的兴起，是宋代文化最重要的标志。魏晋隋唐以来，儒、道、佛三教既相互排斥，又相互吸引、相互融合，到了宋代凝聚为新的思想结晶——理学。换句话说，理学是在儒学基础上批判地吸纳了道教、佛教的思想而建立的新儒学思想体系，是儒、道、佛三教合流的产物。宋代理学的代表人物有二程（程颢、程颐）和朱熹。

理学是中国历史上重大的新理论建构，在学术主旨和学风上有显著变化。理学家们改变了汉唐以来附注训诂的烦琐学风，注重义理，不拘泥于古训。理学把纲常伦理看作万事万物之所以如此的"天理"，强调人们对"天理"的自觉意识。

理学的基本性质和要义，就是为封建伦理纲常寻找本体论基础。宇宙本体为道德修养的最高境界和原则，主张积极入世并在现实中达到崇高的道德境界。理学的兴起使儒学重新获得独尊地位，成为中国封建社会后期最精致、最完备的理论体系，对后世影响甚大。理学强调通过道德自觉达到理想人格，强化了中华民族注重气节和德操，注重社会责任与历史使命的文化性格。

与此同时，还要认识到理学中被系统化、绝对化和永恒化了的三纲五常，成为维系和巩固封建社会后期等级尊卑秩序，强化封建专制主义的精神支柱。

（2）雅俗文化共生

与社会政治、经济格局变迁相呼应，两宋文化在类型和样式上浸润着该时代特有的风貌——雅俗文化共生。雅文化是细腻、精致的士大夫文化，与理学着意于知性反省、造微于心性的趋向相一致；俗文化是勃兴、热烈的市民文化，与繁荣发展的商业经济、熙熙攘攘的城市生活的情调相适应。

①以宋词为代表的雅文化

士大夫文化的细腻与精致，通过宋词得到了很好的体现。两宋时期词高度繁荣，词是该时期文学的标志。词起源于市井歌谣，后经文人发展而趋于雅化。宋词最初继承晚唐五代婉约绮丽的词风，适宜描写深刻、细腻的思想和感情，因此传世的宋词大都典雅委婉、清新秀丽。

宋词侧重音律和语言的契合，语言小巧精细，造境摇曳空灵，极为细腻、精致。柳永的"杨柳岸，晓风残月""衣带渐宽终不悔，为伊消得人憔悴"[①]，秦观的"漠漠轻寒上小楼，晓阴无赖似穷秋。淡烟流水画屏幽。自在飞花轻似梦，无边丝雨细如愁。宝帘闲挂小银钩"[②]，境界虽小而狭，但形象精致，含义微妙，此种细腻、精美是宋词的总体风格。

宋词雅，宋画也雅。到宋代，士大夫以自觉的群体意识投入绘画，把绘画纳入文人生活圈，便产生了文人画的观念和理论。文人画强调诗、书、画一体，偏爱画竹、画梅、画菊，以寓示士大夫的高风亮节，抛弃了绘画中"形似"手法，高度强调神韵。

②市井文化的勃兴

宋词、宋画等以及理学共同构筑成一个精致辽阔的上层文化世界，而与上层

① 马玮. 柳永词赏析 [M]. 北京：商务印书馆国际有限公司，2017.
② 上海辞书出版社文学鉴赏辞典编纂中心. 秦观诗词鉴赏辞典 [M]. 上海：上海辞书出版社，2016.

雅文化并进的还有市井文化的崛起。市井文化是在熙熙攘攘的商市生活，以及人头攒动的瓦舍勾栏中成长起来的野俗而生动的市民文化。

两宋市民阶层的崛起，以中晚唐以来的都市经济发展为基础。著名的《清明上河图》便从一个侧面，反映了当时繁盛的都市生活。作者张择端在5米多长的巨幅风俗画卷上，展现了清明时节首都汴京东南城内外的热闹情景，反映了都市形形色色、各行各业人物的劳动和生活，忠实地记录了当时的社会生活。在快节奏的都市生活中，市民们无意于追求典雅的意境、浓郁迷离的诗情，而是满足于情调热烈的感官享受艺术样式。因此，市民文化从诞生之日起，便显示出野俗的活力与广阔的普及性。

为了满足崛起的市民阶层娱乐的需求，一些新的文化样式应运而生。在一些繁华的大都市，出现了固定的游艺场所"瓦舍"，瓦舍中又划有多个供表演的圈子称"勾栏"。瓦舍勾栏中士庶咸集、热闹非凡，上演形式多样的文艺节目——杂剧、杂技、说书、皮影、舞旋、花鼓、舞剑等。风格各异的市民文化跻身于大的文化系统之中，成为一种不可忽视的社会存在。

（3）发达的教育和科技

中国文化在宋代趋向精致、成熟，古代教育和科技在宋代亦发展到极盛。

两宋时期发达的教育主要有两个特点：其一，在学校教育制度上等级身份差别不断缩小。在国子学、太学、四门学、宗学等教育系统中，太学、四门学皆收庶人子弟，这有利于低级官僚子弟乃至寒门子弟脱颖而出。其二，重视地方学校的发展。北宋末期，地方州县皆有学校。

发达的教育使宋代人才辈出，整个社会的文化素养大为提高，发达的教育为宋代文化的繁荣提供了基础和条件。

中国古代科技发展在宋代达到鼎盛。中国四大发明中的火药、印刷术和指南针是宋代科技最辉煌的成就，被马克思称为预告资产阶级到来的三大发明。[①]百科全书式的人物沈括，创见迭出，他的《梦溪笔谈》对古代科学技术经验进行了总结，是一部卓越的百科全书。

北宋的苏颂在天文学领域，贾宪、秦九韶在数学领域都做出了具有世界领先水平的贡献。另外，北宋时期在地理学、地质学、农学、医药学、冶金术、造船术、

---

① 张宏.中国传统文化概论[M].北京：北京理工大学出版社，2019.

纺织术、制瓷术等方面也有令世人刮目的成就。

在此前后的任何一个朝代，无论是科学理论研究，还是技术的推广应用，比起宋代都大为逊色。

3.辽夏金元

自宋朝建立之始，就被外患所困扰。唐太宗李世民以"天可汗"的尊称威慑周边民族，长期与辽、西夏、金等游牧民族政权相对峙。直到元朝建立，大河上下、长江南北在中国历史上第一次统一于一个草原游牧民族之手。该时期的中国文化，在跌宕起伏的大变动中经受了血与火的锻铸，拥有了包容万千的生命活力。

（1）游牧文化与农耕文化的交融

辽、夏、金和元分别是以契丹族、党项族、女真族、蒙古族为主建立的政权。契丹、党项、羌、女真以及后来的蒙古族势力对宋朝的长期包围与轮番撞击，产生了双重文化效应。游牧民族所产生的游牧文化与汉族农耕文化在撞击和交融过程中各自都发生了变化。

一方面，两宋在辽、夏、金以及后来蒙古族势力的进攻包围下，北宋人因被动挨打而生的忧患，南宋人因国破家亡而生的悲愤，渗透于宋文化的各个层面，在主流文化的精致细腻中增添了慷慨悲壮之气。李清照、陆游、辛弃疾、岳飞等优秀词人的沉郁忧患之作与悲愤之唱，以及王安石所推行的变法，都是这种文化大背景下孕育的产物。

另一方面，契丹、党项、羌和女真等游牧民族也从汉文化中吸取了丰富的营养，发展了本民族的文化。辽朝仿中原汉族设置官制，并任用了许多汉族地主阶级知识分子。儒家思想也受到朝野上下的尊崇。《贞观政要》《史记》《汉书》等著作被译成了契丹文字，广为流行。贾岛的诗成了儿童学习的启蒙读物，苏轼的诗更为辽人熟悉和喜爱。在西夏，《孝经》《论语》《孟子》皆有本族文字译本，西夏政权的官制、兵制和官民的服饰以及礼乐也都仿效北宋模式。西夏在宋仁宗年间，已开始任用中土贤才，读中土书籍，用中土车马，行中土法令了。儒学被西夏人奉为正宗道统，除学习经书外还学习《老子》《荀子》等诸子典籍。

在金国，儒学被推崇为正宗道统，中原的典章制度也被金朝推行，其考试办法也依照汉唐的考试制度。建立于幽燕故地的金中都，完全以汴京城为模型。金人对汉文化的吸取和整合，使北中国成为一个"人物文章之盛，独能颉颃宋、元之间"①的文化天地。

　　蒙古族以游牧民族气质入主中原，统一中国，但终归被源远流长、博大精深的汉文化所同化。在汉族儒生士大夫的影响下，元世祖忽必烈采取了一系列举措改漠北旧俗，整个统治体制遵用汉法，宣扬程朱理学，对之后的明清文化格局产生了重要影响。

　　（2）对外开放与中外文化的交汇

　　元朝时期，中国是当时世界上最强大、最富庶的国家之一，声誉远及欧、亚、非三洲。元帝国水、陆交通非常发达。当时水路用的船舶，从设备、运载量到航行技术都是最先进的。陆路方面，建立了完善的驿站系统，从元大都和其他城市到中亚、波斯、黑海和黑海之北的钦察草原以及俄罗斯和小亚细亚各地，都有驿道相通。古老的丝绸之路也重新繁忙起来，成为通往西方的重要通道。

　　发达、便利的交通，促进了中外政治、经济、文化的交流。西方各国的使节、商人、旅行家和传教士往来中国络绎不绝。公元 1275 年至 1291 年，威尼斯旅行家马可·波罗遍游中国各大城市，并在元朝做官。他所作的《马可·波罗游记》向西方人介绍中国的繁荣与富庶，激起了西方人对中国文明的向往。

　　元朝的外部开放，使波斯、阿拉伯的天文历法、医药、数学、尼泊尔的建筑艺术等传入中国。例如，天文学家郭守敬，充分吸取阿拉伯天文学成果，制定了中国历史上使用时间最长的《授时历》，该历以 365.2425 天为一年，与地球绕太阳公转一周的时间只差 26 秒，与国际通行的公历完全相同。

　　同时，由于蒙古人的西征等原因，中国文化向西方传播的速度也大大加快。中国四大发明之一的火药，传入阿拉伯，再传入欧洲。中国的印刷术、历法、数学、瓷器、茶叶、丝绸、绘画等通过多种途径，在俄罗斯、阿拉伯和欧洲各国广为传播。

　　国内民族联系的增多，中外文化关系的增进发展，使少数民族的成员、外来侨民及其后裔也都有机会展示才华，从而为丰富中国的文化作出了贡献。世界文化的总体面貌，因此更为辉煌灿烂。

　　（3）元杂剧的崛起与兴盛

　　杂剧是元朝文学的代表。元杂剧是在宋、金以来民间讲唱文学的基础上，综

---

① （金）刘祁.归潜志[M].扬州：广陵书社，1995.

合了宋词的成就，并发展了金代诸宫调，融合讲唱、舞蹈、表演等多种艺术形式而成的一种新的戏剧。元杂剧最初盛行于北方，后来流行于南方。元杂剧的崛起与兴盛，既是我国历史上各种表演艺术发展的结果，也是时代的产物。

元朝民族矛盾、阶级矛盾尖锐，人民反抗民族压迫和阶级压迫的斗争，需要具有战斗性和群众性强的文艺形式加以表现，而元杂剧恰恰适应了这一需求，故应运而生。此时，受科举制度的冲击，文人群体也发生了变化，只有少数文人依附元统治者成为官僚，大多数文人和广大人民一样受到残酷的迫害，部分文人与民间艺人组成书会，投身于元杂剧的创作。此外，元代城市经济的快速发展，南北各大城市的勾栏瓦肆繁盛，为杂剧的兴盛提供了充裕的物质条件。

元代出现了大批优秀的剧作家和剧本，当时知名的杂剧作家达 79 人。关汉卿是元杂剧最杰出的代表，他毕生写过很多种剧本，保存下来的有 18 本。《窦娥冤》《鲁斋郎》《拜月亭》《单刀会》等是人们喜闻乐见的作品。著名的元杂剧作家还有马致远、王实甫、白朴、纪君祥等人，马致远的《汉宫秋》、王实甫的《西厢记》和纪君祥的《赵氏孤儿》都是数百年来脍炙人口的名著。

（四）明清时期

中国传统文化的发展演变，经历了一个由生长到全盛再到衰落的过程。自 1368 年朱元璋建立明朝，到 1840 年鸦片战争前的清朝，这一时期是中国封建社会的末期，中国传统文化也发展到了盛极而衰的最后阶段。明清之际的思想家黄宗羲，将该时期称为"天崩地解"的时代。从文化形态上来看，该时期不仅宣告了封建文化的没落，同时又是寻找和建构新的思想文化体系的开始。

1.文化专制

明清两代，是中国漫长的封建社会的晚期，也是中国君主专制制度登峰造极的时代。该时期，民族矛盾、阶级矛盾十分激烈，社会结构、社会分工也发生了重大变化，文化专制也空前严酷地钳制着思想文化界。由此带来了骇人听闻的文化专制，其突出表现是文字狱盛行，统治者大施淫威，大批儒生士大夫因文字之过惨遭横祸。明清统治者，一方面在文化领域推行文字狱，制造恐怖；另一方面则不断消灭异党，巩固专制。明朝政府设置了特务机构——锦衣卫、东厂等，由皇帝信任的宦官统领，对文人士大夫进行重点侦缉和迫害。

明清统治者一方面大肆制造文字狱，另一方面则推崇程朱理学，作为巩固统治的工具。明洪武三年设科举，规定以八股文取士，考试专以四书五经命题，且以朱熹的注为依据。因此，明初学术界，程朱理学一统天下，被推上至尊地位。

2.早期启蒙思潮

明清两代，虽然文化专制主义空前强化，程朱理学在思想文化中占统治地位，但与资本主义萌芽相适应，思想界也悄然兴起了一股启蒙思潮。例如，王阳明曾以"狂者"自居，他的"致良知"之说，体现了反对传统烦琐哲学的精神，同时又孕育着异端思想的胚芽。"致良知"之说，虽带有主观唯心主义色彩，但强调人的主观能动性，否定了用外在规范禁锢"心""欲"的必要性。王阳明的"致良知"学说，对人的主体性进行了高扬，对正宗统治思想进行了有力的反叛，成为明朝晚期人文思潮的哲学基础。

明清之际的一批思想家，从不同侧面与封建社会晚期的正宗文化——程朱理学展开了论战，其中的三大思想家——黄宗羲、顾炎武和王夫之反对空谈，将"经世"思潮推向了鼎盛。经世思潮的特征主要表现为：一是对封建专制主义的强烈抗争。二是彻底清算空谈误国的恶劣学风，对程朱理学展开了全面的批判。三是经世致用的主旨是学问须有益于国事。明清时期的启蒙思想家们，虽然对封建专制制度进行了猛烈的批判，但由于历史的局限以及当时中国资本主义还处于萌芽状态，所以还没能提出新的社会改革方案。

明清时期的市民文学，作为城市经济发展和资本主义萌芽发生的社会现实反映，深刻地揭露了封建制度的弊端，揭示了封建社会必然走向崩溃的历史命运。比较有代表性的市民文学作品有，长篇小说《儒林外史》《红楼梦》《金瓶梅》，短篇小说集"三言二拍"等作品，将古典现实主义文学推向了高峰。

总之，早期启蒙思想的萌芽，不仅是对封建制度的批判，实际上也宣告了封建文化的没落，昭示了中国传统文化由中古形态向近代形态转型的开始。

3.集大成文化

明清时期，中国传统文化发展到了高度成熟期。随着儒学走向衰败，西方近代思想文化的传入，思想家、科学家们对西学产生了浓厚兴趣。他们不仅对中国传统文化、科学技术进行了理性反思，而且在自然科学领域取得了斐然成绩。随着民族交往与融合的进一步加深，出现了大规模的民族文化交流，中国传统文化更加色彩斑斓，迅速发展。因此，中国传统文化发展进入了大规模的全面的总结期。

在图书典籍方面，明清统治者花费了巨大的人力、物力，对几千年浩如烟海的典籍进行收集、钩沉、考证和编纂。编纂的大型类书《永乐大典》被公认为是世界上最早、最大的一部百科全书；大型字典《康熙字典》，是世界上最早的字数最多的字典；大型丛书《四库全书》是至今为止世界上页数最多的丛书。

在史学方面，也有很大的发展。除了官修的《明实录》《清实录》《元史》《明史》等，还有杂史、笔记、地方志、学术史等也都颇有成就。

明清时期，杰出的科学家们创作了一批有关医学、水利、农业、天算等的科学巨著。例如，李时珍的《本草纲目》在植物学分类和药物学方面达到当时世界先进水平；徐光启的《农政全书》收录了历代的农业科学技术资料，记载了当时的农业种植技术，还介绍了欧洲农田水利技术，是中国古代最完备的一部农业著作；宋应星的《天工开物》收录了包括纺织、染色、制盐、榨油、造纸、烧瓷、采煤、冶铜、炼铁和制造军火等的手工业生产技术，是一部享誉海内外的工艺学百科全书。日本将此书视为至宝，并由《天工开物》发展出一门"天工学"。

在建筑艺术方面，建造了一大批气势宏伟、精致雅美、规模宏大的标志着明清卓越建筑艺术水平的杰作。例如，北京故宫、圆明园、热河行宫和长城等。此外，徐宏祖的《徐霞客游记》、方以智的《物理小识》、梅文鼎的《古今历法通考》，在科学成就上都达到了封建社会晚期的高峰。

在文学方面，最辉煌的是小说和戏剧：产生了《水浒传》《三国演义》《西游记》和《红楼梦》四大古典名著；昆曲、秦腔以及由徽调改造的京剧都很流行；汤显祖的《牡丹亭》、孔尚任的《桃花扇》等，都是脍炙人口的传世之作。

在学术文化方面，清朝乾嘉时期，学者们对古代文献展开了空前规模的整理和考辨，考据学成为该时期学术的主流，形成了注重考据的学派——乾嘉学派。考据学派的出现，为中国传统学术文化的传承以及向前推进奠定了基石。

第三节　传统文化的特征和精神

一、传统文化的特征

（一）包容性

中国文化之所以能发展至今，具有如此强大的生命力，原因是多方面的，中国文化的包容性是其中最重要的原因之一。中国传统文化的包容性主要表现在以下两个方面。

1.对境外不同文化吸纳、消化的同化力

所谓同化力，是指中国文化对外来文化的吸纳和消化，使之中国化后成为中国文化的有机组成部分，从而丰富了中国文化的内涵。在中国文化发展的历程中，佛教文化的传入和中国化就是很好的例证。佛教起源于印度，公元1世纪前后传入中国。佛教传播的结果是，一部分完成了在中国的本土化，即中国化，成为中国式的佛教；一部分被宋明理学吸收、消化，成为中国传统文化的一部分。

在中国文化发展的过程中，曾屡遭南北方少数民族的军事侵略。例如，春秋之前南夷、北狄的入侵，西晋的"五胡乱华"，宋元时期党项、契丹、女真等先后南下，以至明朝末年，满人入关，等等。

南北方少数民族入侵中原的过程中，虽然在军事上暂时占据优势，甚至建立了强有力的统治政权，但是在文化方面他们都被先进的华夏农耕文化所同化。少数民族对中原进行军事征服的结果，不仅没有使中原的文化毁灭中断，反而使征服者的文化发生了变迁和皈依，被中原文化同化。中国文化正是因为消化、吸收了各少数民族文化的新鲜血液，才进一步增加了其生命力。

2.对境内不同地域、民族文化的融合力

所谓融合力，是指中国传统文化在中华民族的汉民族文化的基础上兼容并包了中国境内各地域少数民族的文化，形成了内涵丰富的中华文化。中国传统文化属于内陆型文化，产生并成熟于与外界隔绝的东亚大陆，封闭性的地理环境是其赖以形成不可忽视的重要因素。中国境内有黄河流域的中原文化，长江流域的巴蜀文化、荆楚文化、吴越文化，以及西域文化等。

早在先秦时期，不同区域之间就存在文化交流，各民族文化在传播交流中博采众长。中国文化的发展过程中，北方的游牧民族学习中原汉族的农耕技术很大程度地被汉化，并将畜牧业生产技术传入中原。在各民族长期的交往中，中原地区各民族语言的差异逐渐消失，汉语成为通用语言。

因此，中国文化强大的同化力使进入中国的境外文化被同化，中国文化强大的融合力使进入中原地区的外族文化被融合。中国化了的境外文化和汉化了的少数民族文化，与原有的汉族文化、中华文化融为一体，成为中国传统文化不可分割的有机组成部分。中国文化历经数千年从未中断过，表现出了顽强的生命力，这不仅与中国农业宗法社会所具有的延续力有关，与半封闭的大陆环境所形成的地理条件有关，也与中国传统文化本身所具有的包容性有很大关系。

（二）宗法性

中国古代的社会制度和社会组织形式不断变迁，但是，氏族社会遗留下来的以父系家长为中心、以嫡长子继承制为基本原则的宗法制度却一直延续到近代，有数千年之久。宗法制度在中国根深蒂固，其意识形态残余对当下的社会仍然产生着影响。

宗法制度起源于原始社会父系家长制，是家庭公社成员之间牢固的亲族血缘联系，与社会政治等级关系相渗透、固结的产物。宗法制度确立于西周。在宗法制度下，君主自命天子，治理普天之下的土地和臣民。从政治关系看，君主是天下的共主；从宗法关系看，君主又是天下的大宗。君主之位，由嫡长子继承，世代保持大宗地位，其余王子则封为诸侯，相对于嫡长子为小宗，但各自在其封国内又为大宗。诸侯之位亦由嫡长子继承，余子则封卿大夫。卿大夫以下，大、小宗关系依上序。

宗法制度具有政治权利统治和血亲道德制约的双重功能，奠定了中国传统社会"家国"制度的定式，持久延续。秦之后的宗法观念受儒家宗法伦理思想影响，其根本原则是长幼有序，尊卑有别。宗法观念影响下的中国传统社会形态具有以下特征：第一，家庭本位制得以确立，宗族凝聚力不断加强，成为国家与社会的基本结构。第二，家国同构，以血缘亲情为本位的家庭与国家的组织结构具有共同性。家庭是国家的缩影，国家是家庭的放大，二者的秩序形态是同构的。第三，在社会价值取向、伦理形态和生活方式等诸方面，形成的宗法礼仪文化及伦理性政治文化，成为中国传统文化的主轴。

（三）和谐性

中国地理环境虽然相对封闭，但是幅员辽阔，气候宜人，具有优越的农业生产条件，成就了中国内陆型的农耕文明。长期生活在这块土地上的中华民族，以农耕为主要生计方式，习惯于"顺天"——合规律的四季气候、昼夜寒暑和风调雨顺等对生产和生活的巨大作用，对天地自然怀有和产生了亲切的情感和观念。早熟的农业文明，造就了中华民族自古以来与天地自然和睦相处的能力，积淀为"天人合一""万物一体"和"天人合德"的民族心理，也造就了中国传统文化的和谐精神。

回顾中国传统文化的发展历程，不难发现，中国文化的和谐精神不仅体现在人与自然的和谐上，还体现在人与人、人与社会的和谐上。

天人合一思想是人与自然和谐相处的集中体现，认为人与自然是相统一的整体，体现了中国文化重视人与自然和谐的特征，与西方文化强调人要战胜、驾驭自然，形成鲜明的对比。人与自然相和谐的天人合一思想，对当下倡导的生态平衡和可持续发展，具有很强的启示和借鉴意义。人与人的和谐，体现在推己及人思维方式形成的传统处世哲学上，通过人际间的情感交流，达到一种和谐的境地。例如，儒家倡导"己所不欲，勿施于人""己欲立而立人，己欲达而达人"[1]的原则，要求每个人的文化实践中"老吾老以及人之老，幼吾幼以及人之幼"。[2]也就是说，一事当前要先设身处地地为对方（他人）着想，以对方（他人）为重。中国传统文化中人与人之间的和谐，彰显了"仁者爱人""和为贵"[3]的精神。

人与社会和谐，体现在倡导"不偏不党，王道荡荡"的"中庸"处世态度上，既积极入世，又注重自我约束和个人修养。中国传统文化坚持"中和为上"的致中和原则，把个人与社会的关系看作矛盾的统一体。[4]矛盾表现在个人与社会常有对立冲突。对立的原因是每个个体是血肉之躯，必然会有所欲求。人人有所欲

---

① （春秋）孔丘著；吴兆基译. 论语 [M]. 成都：四川天地出版社，2020.
② （春秋）孔丘著；吴兆基译. 论语 [M]. 成都：四川天地出版社，2020.
③ （春秋）孔丘著；吴兆基译. 论语 [M]. 成都：四川天地出版社，2020.
④ 张宏. 中国传统文化概率 [M]. 北京：北京理工大学出版社，2019.

求，而社会不可能满足人的所有欲求，必然会产生冲突。统一表现在个人与社会不可分，个人脱离社会就无法生存，社会没有了个人也就不成为社会。以儒家思想为代表的中国传统文化，在人与社会关系的处理上反对偏激，规避法家只重社会而忽略个人利益的极权政治，以及道家只求独善其身，不问天下国家的消极态度。

（四）务实性

中国传统文化的务实性体现在民族性格上，植根于农业文明的生境中，立足现世，倡导惜天时，尽地力，重本务，远离玄虚，鄙夷机巧奸伪。中国传统文化的务实性，告诫人们立足于此岸世界，把立德、立功、立言作为实现人生价值的目标，走经世致用的道路。

中国传统文化的务实性，使之成为一种非宗教、世俗的文化，其精神追求不在于力求建构彼岸世界和灵魂永存的幻象，也不探讨空疏世界的玄奥。务实性使中华民族未陷入宗教的迷狂，虽然有本土宗教和外来宗教的传入，但未曾有哪个宗教成为国教。务实理性的价值取向曾使古代中国在农学、天文、数学、医学等应用学科领域处于领先地位，但也导致了理论探讨和逻辑论证的相对忽视，这一传统的思维方式也阻碍了传统科技的进一步发展。

与此相反，西方从柏拉图到亚里士多德都将世界分为现实世界和超本体的精神世界两部分，其哲学关注的不在实用性的"公共事务"，而在于现象背后的不变原则，哲学思辨是为了求智慧，而不在解决日常实用问题。西方文化环境中的学问超越了经世致用的价值取向，推动了思辨与理论科学的发展，西方近代科学迅速崛起。中国近代科技的落伍，与中国传统文化具有务实性，较少关注理性主义和实验主义意义上的科学文化不无关系。

二、传统文化的精神

作为中华民族的文化遗产，中国传统文化承载了中华民族优秀的思想品德、文明行为、艺术修养等内涵，展现了中华民族良好的精神风貌，是中华民族延续数千年并持续影响世界的精神力量，是中华民族屹立于世界民族之林的精华和魅力所在，其基本精神主要表现在以下三个方面。

（一）爱国情怀

早在两千多年前的周秦之际，就已经出现了爱国观念和爱国思想。《战国策·西周策》中说"周君岂能无爱国哉"[①]，这是"爱国"一词在古文献中最早的出现。

在社会主义建设时期，中华民族又以大公无私的雷锋精神、铁人精神、航天精神等诠释着新时代中国人的爱国情怀。爱国主义是中华民族传统美德的精髓所在，展现了中华民族的凝聚力、向心力和中华儿女无私奉献的高贵品质。它是中华民族生生不息的不竭动力，是每一个中国人成就伟大人格的根本所在。

（二）人文精神

中国传统文化虽是一种具有强烈等级观念的文化，但这丝毫不能掩饰其中浓厚的民本思想。早在夏初，人们就已注意到民众的力量。孔子的仁学也以爱人为核心内容，他坚信爱人是人的本性，在对待别人时要做到"己所不欲，勿施于人"。[②]孟子进一步提出了"民为贵，社稷次之，君为轻"[③]的理念，明确表达了民众比国家、君主还重要的思想。老子认为"圣人无常心，以百姓之心为心"。[④]近代康有为所描绘的大同世界里，人们仍能看到"民本"思想的光辉，孙中山的三民主义思想更是直接继承了孔子的民本思想，当代的为人民服务、人民民主、以人为本思想则是民本思想的具体体现。中国传统文化的民本思想其精神实质是人本精神的体现，这种人本精神培育了中华民族的互帮互助、助人为乐、敬老养老、救济孤残、勤俭治家治国等传统美德。

（三）和谐精神

"天人合一"思想是中国传统文化对天人关系的形象化的论述。"天人合一"一方面强调自然和人类社会是有机的整体。人是从自然界中发展而来的，作为自然界的一部分，人必须尊重自然。另一方面，古人还从"天人合一"思想中总结出尊重自然保护生态环境的主张。老子提出"人法地，地法天，天法道，道法自然"[⑤]，从人、地、天、道、自然这五个事物之间的相互关系指出人的生活行为的

---

① （西汉）刘向；苏智恒编.战国策[M].北京：团结出版社，2018.
② （春秋）孔丘著；吴兆基译.论语[M].成都：四川天地出版社，2020.
③ （战国）孟轲著；李晨森译.孟子[M].北京：煤炭工业出版社，2017.
④ （春秋）老子著；安伦译.道德经[M].上海：上海交通大学出版社，2021.
⑤ （春秋）老子著；安伦译.道德经[M].上海：上海交通大学出版社，2021.

准则从根本上取决于自然界的变化发展和规律，人必须尊重自然，按照自然界客观规律办事。孟子"数罟不入洿池，鱼鳖不可胜食也；斧斤以时入山林，材木不可胜用也"①说明人不能违背自然规律，超越自然的承载力去开采自然资源，人只能在遵循自然规律的前提下合理开发利用自然资源，实现人与环境的和谐发展。

"和而不同"思想是关于人与人、人与社会和谐思想的精辟论述。孔子提出，"君子和而不同，小人同而不和"。②"和而不同"思想体现了对他人、事物的宽容、理解和尊重，展示了作为君子的有容乃大的宽阔胸襟和情怀。"和而不同"思想提倡在与他人交往的过程中要和睦相处，但同时要反对没有原则的附和。孟子提出"天时不如地利，地利不如人和"③强调了人心团结比拥有有利的时机和地势更重要。可见，和谐也是中国传统文化的基本价值。

---

① （战国）孟轲著；李晨森译. 孟子 [M]. 北京：煤炭工业出版社，2017.
② （春秋）孔丘著；吴兆基译. 论语 [M]. 成都：四川天地出版社，2020.
③ （战国）孟轲著；李晨森译. 孟子 [M]. 北京：煤炭工业出版社，2017.

第二章　思想政治教育基本概述

在人类社会中，思想政治教育是伴随阶级与国家产生而产生的。本章为思想政治教育基本概述，主要从思想政治教育的内涵、目的、任务、性质等方面进行较为详细的阐述。

第一节　思想政治教育的内涵

思想政治教育指一个群体为了巩固自己的统治、维护自身利益及顾全大局发展，而对其群体内全部成员的思想意识施加影响，通过灌输符合自身阶级统治利益的思想政治观点和树立道德模范等，实现群体成员思想道德符合阶级统治发展要求的思想道德标准。高校思想政治教育是指高校教育者按照规定的教育机制和符合时代的教育理念，采取一定的教育手段，根据社会发展的需求和教学目标的要求，对大学生进行有计划、有目的、有组织的思想道德教育和政治素养培养。通俗来讲，就是对在校大学生思想意识统一地加以影响，使其形成与社会发展所需的思想道德标准相符的思想观念、道德品质，为国家未来储备人才。这是高校一项教育目的明确、教育内容具体的活动。当前我国高校为了达到其相应的教育成效，将理论灌输法与实践教育法进行有机融合。

高校通过思想政治理论课的课程学习来加深大学生的思想政治知识底蕴。目前而言，高校的理论灌输法不仅体现在相关的课程中，也体现在通过党组织推优及党员培养的方式进行思想政治教育。通过对团员的推优，安排学习党课知识，配合完成党内实践活动等，在思想政治教育的过程中完成团员向党员政治身份的转变。通过对党员党内知识的培训以及定期召开党内学习会议等活动，一方面考查和考核学生的思想意识和行为道德，另一方面更加强化了学生的政治素养。这种教育方式一般以非固定课程教育的形式在大学生中开展。这些理论课程中，不仅包含了马克思基本原理、方法及思想精髓的讲授，还包括对马克思主义中国化的具体内容的讲授。从目前来看，高校的理论灌输法的具体教学模式和环节包括理论的教授、学习、宣传和培训及研讨等环节，是高校开展思想政治教育最基础，也是最高效的方式。

简而言之，就是明确合理地引导和组织高校学生参加形式多样的、能够提升其思想意识和道德素质的社会实践性活动。在多样化的实践锻炼活动选择中，既要顾及大学生的年龄特点、性格特征、学习能力及不同年级等多方面因素，也要同时兼顾将适当的教学内容加以融入，彰显实践活动的教育性。通过实践教育活动，提升大学生的思想觉悟和认知能力，强化理论知识和内容的教育，达到理论知识内化的目的。但是，为数不多的实践活动所呈现的教育力度和成效是微乎其微的，因此高校必须长期坚持开展实践活动，才能使大学生在实践中提升认识，并将认识内化为自身信念。

高校思想政治教育的方式还包括咨询辅导法，该方法指教育者通过语言、文字等形式，并结合专业的科学理论和指导技巧，与受教育者进行沟通交流，对其进行思想启发和心理引导。作为高校思想政治教育的重要方法之一，最主要的教育力量就是高校辅导员，高校也越发重视其队伍的建设。辅导员是高校思想政治教育队伍的重要分支，对大学生思想政治教育工作而言肩负重任，全国高校严格按照高校教师和大学生比例设置辅导员岗位，以确保大学生咨询辅导的质量。

道德观体现了一个人的道德意识和思想水平，马克思主义道德观主要表现为一个人在处理个人与社会集体关系，个人与他人之间的关系时所遵守的准则。人的道德观核心是个人行为在个人利益中所占比重的大小。个人所处的环境不同、社会阶级不同则会形成不同的道德观。高校思政教育工作中的思想道德修养教育也应围绕习近平新时代道德观展开。习近平新时代道德观继承了马克思主义全心全意为人民服务的基本立场，始终辩证唯物地看待问题，同时在马克思主义道德观上进行了丰富和发展，又蕴含了优秀的中华传统文化的思想。习近平新时代道德观要求大学生树立讲文明、讲诚信、知行合一的道德观，艰苦奋斗、无私奉献、为人民服务的道德观。高校思政教育的根本宗旨是立德树人，把道德观教育贯穿于思政教育的全过程中去，对大学生进行道德观教育在高校思政教育工作中占有举足轻重的分量，接受道德观教育需要高校、社会、家庭的多方面努力，引导大学生自觉抵制个人主义、享乐主义、拜金主义，修身立德、成长成才。

高等教育的主要群体就是大学生，他们在意识形态上常常会受到各方面因素的影响。例如，经常在网络上阅览信息，通过新媒体进行交流，更愿意接受新鲜事物等。大学生作为青年群体在思想上还处于不够成熟稳定的发展阶段，那么如何解决好大学生在思想意识形态方面遇到的问题至关重要。用什么方法来培养新时代的大学生，把什么内容教给大学生，体系中教育内容这一要素怎样配合高校思政教育工作中的其他要素，确保各要素协调一致、同向同行，确保思政教育建设的有效性，可以看出在体系建设中教育内容这一要素起到了支撑作用。高校思政教育的内容包括大学生普遍认可的"三观"的内容，也包括政治观和道德观，还要纳入社会主义核心价值观的内容才算完整。思政教育内容在思政教育建设中具有决定性的意义，它是思政教育系统的第一要素。

关于"三观"的教育正是思政教育中的基础理论教育，要想培养拥护党的方针政策、政治觉悟高、思想先进的大学生就必须先学好基础理论知识。对高校学生开展"三观"教育，坚持马克思主义理论教育，这是引导大学生提升"三观"的根本路径，是塑造青年学生思想灵魂的基础。

我国的思想政治教育随着时代的发展逐年丰富。[①] 人民作为社会的主人，其本质是一切社会关系的总和。因此，个体所拥有的社会关系及社会意识等因素，不仅会对人民思想的变化发展产生影响，而且会对其起到制约的作用。思想政治教育对于个体与群体的思想转化都要加以重视，并且要重视社会风气以及舆论能够起到的作用。这就要求，思想政治教育出发点与立足点一定要是社会发展的实际以及人民的思想疑难问题现状，不仅应该将人民群众看成是一个整体，在相同的起点上进行教育，又应该对千差万别的人民思想疑难问题进行深入细致研究，并对其加以有效地解决。这样一来，就能够让理论与实践紧密地联系起来，让思想政治教育本身的针对性及有效性得到增强。要想能够对群众思想发展变化的规律有准确地了解与掌握，那么就只能与实际紧密贴合做好与之相关的调查研究工作，让思想政治教育的针对性、系统性及创造性不断得到增强。

---

① 崔博."互联网+"影响下中外合作办学大学生思想政治教育存在问题与对策研究 [M]. 北京：中国旅游出版社，2020.

第二节　思想政治教育的目的和任务

一、思想政治教育的目的

思想政治教育目的，是指通过思想政治教育活动，在受教育者的思想和行为方面所期望达到的结果。换言之，思想政治教育目的是人们依据一定的主客观条件对受教育者思想品德方面的质量的一种期望和规定。它规定着思想政治教育的方向和内容，影响着思想政治教育的途径和方法，是开展各项思想政治教育活动的依据和动力。

（一）思想政治教育目的的主要依据

思想政治教育的目的，无论是根本目的还是具体目的，都是社会存在和发展的反映。在思想政治教育活动中，目的的确定要受到许多因素的影响，一个目的的形成往往是多种因素作用的结果。但各个因素在思想政治教育目的形成过程中的作用是不平衡的，这就要求我们抓住主要因素，恰当地确定思想政治教育目的。下述因素在教育目的的确定中起着主要作用，是确立思想政治教育目的的主要依据。

1.社会发展的客观需要

思想政治教育是一种社会实践活动，必须适应社会的发展。因此社会发展的客观需要是我们确立思想政治教育目的的一个主要依据。随着社会的发展人类已经步入知识经济时代，知识经济是与农业经济、工业经济相对而言的一种新型的经济形态，是建立在知识的学习、运用和创新基础之上的经济，其重要特征是创新性、社会性、人的主体地位的突出性、国际性和高品位性。在知识经济时代，知识构成了生产力的最重要因素，知识的多少、优劣，知识的增强与创新的力度，直接决定着一个国家的生产力水平，而知识与人是统一的，人是知识的创造者、承载者和应用、消费者，因此人的现代化素质是知识经济时代知识创新的源泉。知识经济的特征决定了其物质承担者——人必须是现代化的、高素质的，只有现代化的高素质的人才能成为知识经济的生产者、分配者和消费者，人的现代化素质不仅仅是指要有现代科学文化素质，更为重要的是要有现代思想观念和道德素质。因此努力提高全民族的思想道德素质和科学文化素质是适应社会发展的客观需要。

2.党和国家的奋斗目标

思想政治教育是一定的阶级或政治集团，为实现一定的政治目标，有目的地对社会成员施加意识形态的影响，使其形成本阶级所需要的思想品德的社会实践活动。因此思想政治教育具有鲜明的党性即阶级性。我们所说的思想政治教育是指中国共产党的思想政治教育，这就决定了党和国家的奋斗目标是我们确立思想政治教育目的的一个主要依据。

中国共产党的最终奋斗目标是要实现共产主义，思想政治教育的根本目的就是依据和围绕这个最终目标确立的。共产主义是人类的崇高理想，实现这个崇高理想需要经历长期艰苦的斗争历程，要分几个阶段进行，在不同阶段中国共产党制定了不同的具体奋斗目标，现阶段的奋斗目标是大力发展生产力，把中国建设成为富强、民主、文明的社会主义现代化国家，现阶段思想政治教育目的就是以此为依据来确立的。

（二）思想政治教育目的的主要功能

1.引导功能

思想政治教育活动是一个复杂的教育活动，因教育对象个性差异的不同始终是丰富多彩的，但思想政治教育活动不是杂乱无章的，它必须在一定规律的支配下进行。因此，思想政治教育活动是人的自觉的、有预期目的的活动。只有确立了思想政治教育目的，才能明确思想政治教育的方向，其他一切方面如培养目标、教育任务、教育内容以及教育方法都必须与这个方向一致。任何层次的思想政治教育活动在开展前都必须围绕思想政治教育目的去修正自己的教育目标，思想政治教育的内容也必须围绕思想政治教育目的来安排，思想政治教育方法和途径也必须利于思想政治教育目的的实现。因此，思想政治教育目的具有引导作用。

2.调控功能

从宏观上说，思想政治教育目的对一个国家或地区的思想政治教育规划以及教育结构的确立与调整等都具有指导、协调的作用；从微观上说，思想政治教育目的对思想政治教育具体内容的安排、思想政治教育活动手段和方法的选择等都有支配、协调、控制和调节作用。在理解和掌握思想政治教育目的的条件下，教育者在设计教育活动的不同方案时，都会自觉地按教育目的要求行事，以克服活动的盲目性。当思想政治教育活动偏离教育目的的方向时，教育者也会自觉地反思和予以纠正

3.评价功能

教育评价功能是指教育评价活动本身所具有的能引起评价对象变化的作用和能力。它通过教育评价活动与结果，作用于评价对象而体现出来。其功能的内容取决于评价活动的结构及运行机制。由此可见，评价者只有通过评价，根据被评价者达到目标的程度，进行有针对性的正确指导，以促进工作的进步；被评价者也只有通过评价，才能确切地了解自己与评价目标的差距，明确自己的努力方向。

思想政治教育目的是衡量思想政治教育质量和效益的重要依据。它通过对思想政治教育活动的全面检测、分析和评定获得反馈信息，可以检验思想政治教育活动的水平高低、质量好坏、效果大小。通过思想政治教育目的的评价功能还可以促进思想政治教育工作者及时反思、检讨、调整和改进自己的工作。

二、思想政治教育的任务

思想政治教育是一个系统的动态的历史范畴，在其诸多构成要素中，任务起着举足轻重的作用，任何一件工作的任务决定了它的性质和方法。只有明确思想政治教育的各项任务，才能确立相应的内容体系和方法手段，才有可能使思想政治教育不至于因脱离实际而滞后于时代的发展。这是搞好思想政治教育的前提。

社会主义建设新时期的主要任务是发展社会生产力，而发展生产力的关键是调动人们的积极性。思想政治教育要为发展生产力服务，就必须调动人们的积极性，这成为现阶段思想政治教育的主要任务。具体表述为：调动广大人民群众的社会主义积极性，使广大人民群众以极大的热情投身于社会主义现代化建设之中。

（一）调动广大人民群众积极性的立足点

所谓积极性是指人的自觉能动性在实践中的外在表现，它在本质上反映了人们在思想政治上的精神状态，劳动工作中的基本态度，以及在社会活动中的事业

心和责任感。坚持人民群众的利益高于一切，是我们共产党人的价值观。从人民利益出发，把人民利益标准作为全部工作的出发点和价值取向是坚持社会主义发展道路的必然趋势。

制定一切政策，检验一切工作都要以"三个有利于"作为根本衡量标准，时刻把人民赞成不赞成，人民答应不答应，人民拥护不拥护等作为工作的出发点和归宿。社会主义发展生产力，成果是属于人民的，发展生产力是为了满足人民群众的需要。调动人民群众的积极性是为了更好地发展生产力，二者互为目的，有着不可分割的辩证统一关系。今天我们要构建社会主义和谐社会，必然要以实现个人、集体、国家相统一的利益为动力机制调动广大人民群众的积极性。只有更进一步地激发广大人民群众的积极性，才能充分调动他们建设中国特色社会主义的激情与活力，我们才能够抓住在发展合作多极化的世界局势之下的机遇，才能够更好地从容应对国际形势中的不利因素，才能够在现有的基础之上实现新的伟大目标，才能够克服前进中遇到的困难和问题，从而最终实现社会主义现代化。

（二）调动广大人民群众积极性的途径

从新世纪开始，我国就进入了全面建设小康社会，加快推进社会主义现代化新的发展必须充分调动广大人民群众的积极性。而调动人民群众积极性的最现实的途径就是维护和实现人民群众的利益。

1.强化利益刺激

现阶段，我国经济体制的改革已打破原有的社会利益格局，社会利益关系发生了重大的变化，各种利益矛盾显露。强化利益整合，促进社会和谐，已成为研究的重要理论与现实课题。

（1）制定和执行正确的路线方针政策

路线方针政策是对全局和长远起作用的，路线方针政策正确，党就能领导群众夺取一个又一个胜利，把革命和建设不断推向前进，从而为人民群众带来实惠与利益；反之，错误的路线方针政策则会使我们的建设受到损失，使群众的利益受到损害，最终影响群众建设社会主义的积极性。所以我们所有的政策措施和工作，都应该正确反映并有利于妥善处理各种利益关系，都应该认真考虑和兼顾不同阶层、不同方面群众的利益。实践证明，任何政党能否得到人民群众的拥护，关键在于能否提高他们的生活水平，使之获得实实在在的、看得见的利益。要使路线方针政策正确地反映人民群众的利益所在，就必须在制定和执行路线方针政策的过程中让人民群众积极参与，只有这样才能真正地维护人民群众的切身利益。

（2）切实解决好与人民利益相关的大事

现阶段有不少社会热点问题，想要解决好这些问题可以从三点入手。第一，要深入调查研究，全面了解实际情况。要对影响全局、关系国家和人民利益的突出问题进行调查研究；对新情况、新问题进行调查研究；对人民群众的意愿、情绪、心态进行调查研究，从而摸清事物的内在规律。第二，要有切实可行的措施。办任何事情都要讲究实效。在发展社会主义市场经济的过程中强调这一点非常重要。只有这样，才能有利于发展社会主义生产力，提高人民群众生活水平，获得人民的赞成和支持。第三，坚决同损害人民群众利益的现象做斗争。我们不仅要发展好、实现好人民利益，而且要维护好人民利益，同损害人民群众利益的一切丑恶现象做斗争；与党内存在的腐败现象做斗争；与各类侵害人民利益的犯罪分子做坚决斗争；与各行各业不正之风做斗争。

2.加强精神激励

人是要有点精神的，精神的力量是巨大的，精神竞争力从来都是综合竞争力中最富有创造性的核心竞争力，有没有高昂的民族精神，是衡量一个国家综合国力强弱的重要尺度。因此，在新的历史时期，要充分调动人民群众的积极性，就必须强化精神激励。

（1）坚持马克思主义的指导地位不动摇

马克思主义是我们党和国家的根本指导思想，是我们认识世界和改造世界的强大思想武器，也是人民群众精神力量的源泉。动摇马克思主义理论的指导地位，也就动摇了中国人民的精神信仰和精神支柱。

在新的历史时期，坚持马克思主义的指导地位毫不动摇要做到：一是坚持实践第一的观点，立足于中国国情，把马克思主义基本原理同中国具体实际相结合，善于对最鲜活的实践经验做出新的理论概括，使哲学社会科学具有更加鲜明的实践特色；二是扎根于中国土壤，把马克思主义真理的力量深深熔铸在民族的生命力、创造力、凝聚力之中，使其更加具有鲜明的中国特色、中国风格、中国气派；三是坚持与时俱进，始终走在时代前列，敏锐把握时代特征，准确反映时代要求、深入研究回答改革发展中的重大现实问题，从而更好地担负起认识世界、传承文明、创新理论、资政育人、服务社会的神圣职责。

（2）积极引导，推进制度创新

制度是个人行为最有力的导向，因为它能够将某种行为的结果展示出来，因此，调动人民群众的积极性，要实现制度创新，以提供一种持续的制度化的激励机制。

①推进政治经济体制改革。

历史和现实充分表明，调动广大人民群众积极性的关键是要有一个好的体制，体制搞得合理，就可以调动积极性。只有完善体制，才能有效制约权力扩张，凸显人民群众的权利，使之真正在改革中获得应有之利。目前，我们正在坚定不移地推进经济体制改革，发展社会主义民主法治，促进社会公平正义，实现人的自由平等。

②完善社会保障制度。

社会保障制度，是国家根据一定的法律法规，以社会保障基金为依托，为社会成员的基本生活权利提供保障的一种制度。国家和社会，通过国民收入的分配与再分配，依法对社会成员的基本生活权利予以保障。社会保障的本质是维护社会公平进而促进社会稳定发展。社会保障体系是否完善已经成为社会文明进步的重要标志之一。

③加强社会主义法制建设

构建和谐社会，最重要的是加强民主法制建设，促进社会公平正义。重点是积极稳妥地推进政治体制改革，加快中国特色的民主政治建设；扩大基层民主，保证人民依法直接行使民主权利；全面推进依法行政；加强政府立法工作；继续推进司法行政体制改革，维护司法公正。

总之，思想政治工作是做人的工作。只有努力使每个人感受到尊重、关心、理解，才能启发他们自觉地提高主人翁责任感，接受党的思想政治引导，发挥积极创造精神，克服自己身上的消极东西，这样的思想政治工作，才是真正有效的。懂不懂得尊重人、理解人、关心人、激励人，这是检验我们思想政治工作中是否真正相信、依靠职工群众的一个重要标志，也是衡量思想政治工作干部是否合格的一个起码条件。

第三节 思想政治教育的性质和特点

一、思想政治教育的性质

在人类社会中，思想政治教育是伴随阶级与国家产生而产生的。这是一种客观存在的社会活动，具有普遍性。统治阶层利用一些手段对被统治阶层加以思想教育，使其服从于统治者，从而构成所处社会的和谐与稳定。当然，在不同的历史时期，不同的阶级社会，思想政治教育的名称都不相同。例如，在中国古代，虽然没有使用过思想政治教育这一现代化的概念，但它作为统治者进行思想、政治和文化统治的方法，却在历史上客观存在。在西方社会也存在着一系列的无名有实的思想政治教育。由中国共产党所使用的思想政治教育这一概念，是经历了一些历史演变过程才逐步形成和确立的。

思想政治教育就其性质来说，是一定的阶级或政治集团，为实现一定的政治目的，有目的地对人们施加意识形态的影响，以期转变人们的思想，塑造人们的品德，进而指导人们行为的社会实践活动。它受社会经济、政治、文化的制约和影响，包括思想教育、政治教育、道德教育和心理教育四个方面。其中，思想教育是对教育对象进行思想理论教育，培养人的思想意识、思想作风和思想方法，帮助人们形成和确立正确的世界观、人生观和价值观；政治教育是对教育对象进行政治方向、政治意识、政治原则、政治信仰的教育、坚定人们的政治立场，培养人们的政治态度和政治品质；道德教育是对个体的教育对象进行道德认识、道德情感、道德信念的教育，促使个人形成稳固的道德品性特征，养成良好的道德行为和习惯；心理教育是对教育对象进行群体、个体心理教育，形成人们良好的心理品质、心理承受和调适能力。思想教育、政治教育、道德教育和心理教育四个方面相互联结、相互作用，共处于思想政治教育的统一体中。其中，思想教育是先导，政治教育是核心，道德教育是重点，心理教育是延伸。对不同教育对象，思想政治教育的侧重点应有所不同。民族预科的思想政治教育主要是指根据民族预科学生的特点，综合运用相关的学科知识，教育和引导学生树立科学的世界观、人生观、价值观、民族观、国家观，提高学生的思想政治素质。

二、思想政治教育的特点

思想政治教育的基本特点是由思想政治教育的对象、性质、工作方式、条件因素所决定的，具有相对稳定性，是思想政治教育本质的具体反映。思想政治教育的基本特点和思想政治教育学的基本特点（学科属性）是不同的、思想政治教育的基本特点有政治性、思想性、科学性、教育性和实践性。

（一）政治性

政治性是思想政治教育的社会关系体现和价值取向，是它的本质特性。从根本意义上讲，政治性体现了阶级性，是社会利益关系的体现，思想政治教育是阶级利益的反映。所以，政治性的另一种说法是阶级性，具体地说，思想政治教育总是以一定的阶级关系为依托的，总是以一定阶级的思想理论为指导的，总是为一定的阶级利益服务的。思想政治教育的政治性还说明它属于政治的范畴，是实现政治任务的重要手段。从广义上说，思想政治教育是由政治组织所规定和运用，并为实现政治任务服务的。党的思想政治教育，就是在党的领导下，直接为党的事业服务的。

（二）思想性

思想政治教育是思想领域的一项社会实践活动，我们常常称思想政治教育是党的思想战线的工作，就是从这一意义上来说的。思想性的特点还表明思想政治教育是一种思想转化的工作，属于精神劳动。无论是思想政治教育者，还是教育对象，无论是教育手段，还是思想政治教育目标，都具有精神或观念特征。所以，思想政治教育不仅不同于物质劳动，而且不同于学术研究，是一种特殊的思想交流活动，由此形成了思想政治教育的独特形态。因此，思想政治教育的实践性，即指它是一种从事精神生产的实践活动。

（三）科学性

在思想政治教育的过程中，要坚持用科学的世界观、方法论武装群众，帮助人们在自己的实践和探索中掌握真理，自觉地认识自己的根本利益，提高认识世界和改造世界的能力，推动社会进步和人的发展。当代思想政治教育学以对整个自然界和人类社会发展的客观规律的科学认识为自己全部理论的基础，以马克思主义的世界观和方法论为指导，又站在人类创造的全部知识基础之上。思想政治教育学在为无产阶级革命和建设事业服务的同时，也推动着人类社会的进步和自身的解放。任何一种思想政治教育的理论，如果没有站在人类所创造的全部知识基础之上，没有与全人类的根本利益保持一致，它只能是一种狭隘的理论，也无法真正代表进步阶级的利益。因此，马克思主义思想政治教育学主张时代性与科学性的统一、党性与真理性的统一。

（四）教育性

教育性指的是思想政治教育的一种职能，即教育的职能，这一职能区别于其他社会机构或社会工作的职能，具有育人性，这是它特有的职能，是社会设置专门机构的原因所在。其他社会机构也有教育性，但不是一种专有的职能，不是专业性的职能。思想政治教育的教育性与教育的教育性有相似性，但又有其特殊性。教育性还指它的内容、目的、目标、功能、形式、方式方法、环境等具有教育性特点，没有教育性特点和育人效果的活动不属于思想政治教育的范畴。

（五）实践性

思想政治教育的实践性，强调它是人的思想与人的思想之间的实实在在的交流，是一种现实的社会活动。思想政治教育不是物质劳动，属于精神劳动，是一种思想转化的工作。具体来说有以下几点。

1.现实性

思想政治教育主要应利用现实条件，为现实的政治任务、经济任务以及其他任务服务。

2.针对性

它要求思想政治教育应随着实践的发展而发展，具有很强的针对性。它要求思想政治教育针对实际思想开展工作，有针对性地解决思想问题。

3.功利性

思想政治教育的效果要能够得到现实的体现，获得实践的检验。思想政治教育者要有工作经验，具有解决实际问题的能力。

第三章 融合发展视阈下传统文化与思想政治教育融合发展的原则

本章是融合发展视阈下传统文化与思想政治教育融合发展的原则，主要从三个方面进行讨论，分别是马克思主义的正确指导原则、社会主义核心价值观原则以及批判继承原则与"高、实、严、新"原则。

第一节 马克思主义的正确指导原则

一、马克思主义是思想政治教育的指导思想

要坚持马克思主义的方法，采取马克思主义的态度，坚持古为今用、推陈出新，有鉴别地加以对待，有扬弃地予以继承，既不能片面地讲厚古薄今，也不能片面地讲厚今薄古。因此，我们必须在思想政治教育中坚持马克思主义的主体指导思想，将传统文化融入高校思想政治教育时要正确把握中国传统文化与思想政治教育的内在关系，正确把握中国传统文化在当代思想政治教育中的应有地位。

应该说，对中国传统文化的研究必须坚持以马克思主义为指导，二者之间是支援意识与主导意识的关系，我们在努力挖掘中国传统文化的思想政治教育资源时，必须将中国传统文化视为思想政治教育理论的支援性资源，而不能本末倒置。

（一）马克思主义的主要内容

1.马克思主义基本理论

马克思在 1847 年用法文写成《哲学的贫困》，从而以论战的形式向世人公开了马克思的理论。但由于这部著作影响不大，因而真正标志着马克思主义诞生的，

是后来的《共产党宣言》。《共产党宣言》以唯物史观为基础，科学论证了社会主义必然会代替资本主义，并着重阐述了社会主义的科学性，奠定了无产阶级政党学说的基础，它的发表是马克思主义问世的标志。

当然，《共产党宣言》的发表，正像它的书名所标示的那样，带有宣示和象征的意义。我们当然可以说它是马克思主义第一次系统的表述，是马克思主义诞生的标志，但这并不意味着马克思主义理论在这时已经很完整了，并不意味着马克思主义的产生过程至此终止。

马克思主义理论体系的两大理论基石，一是唯物史观，二是剩余价值学说。《共产党宣言》中体现了马克思的第一大发现，他的第二大发现则体现于他后来写成的巨著《资本论》。《资本论》第一卷于 1867 年 9 月出版。在这一巨著中，马克思深入分析了商品、货币、资本、剩余价值，创立了科学的劳动价值论和剩余价值理论，揭示了资本主义生产方式运作过程和剥削工人的秘密，论述了资本主义积累的一般规律和资本主义生产方式必然灭亡的历史趋势。马克思的政治学说，特别是关于阶级斗争和无产阶级历史使命的学说，是马克思主义理论的重要基石。

如果说唯物史观代表的是哲学的变革，剩余价值学说代表的是经济学上的变革，那么无产阶级历史使命学说代表的则是社会主义学科，尤其是社会主义政治学说的变革。正是通过马克思主义中国化的进程推动，才为中国革命、建设、改革提供了强大思想武器，使中国这个古老的东方大国创造了人类历史上前所未有的发展奇迹。

2.中国化马克思主义

马克思主义自其诞生之日起，便以不可阻挡之势日新月异地发展起来，指导着世界各地无产阶级的革命斗争与社会主义建设事业。马克思主义之所以成为指导各地无产阶级革命事业的科学理论，就在于其始终能够与各国革命的具体实际相结合，不断形成新的理论成果，保持了其自身的生机与活力，并推进了无产阶级事业的不断向前发展。马克思主义中国化为当代马克思主义与中国传统文化的相生相成提供了理论基础。正是在马克思主义理论的正确指导之下，近代中国才逐渐摆脱半封建半殖民地的受压迫状态，建立起社会主义新中国，走上独立自主、自力更生的中国特色社会主义发展之路。

我们要坚持和运用辩证唯物主义和历史唯物主义的世界观和方法论，坚持和运用马克思主义立场、观点、方法。马克思主义是科学的理论，创造性地揭示了人类社会发展规律。中国共产党人在马克思主义的科学世界观和方法论的指导下，紧紧把握中国革命和建设工作的特点，将马克思主义与中国特色相结合，全面推动马克思主义中国化，找到了革命、建设、改革的正确道路，同时发展成为成熟的无产阶级政党。

马克思主义中国化是一个历史进程，即马克思主义基本原理同中国的具体实际相结合的过程。在一定意义上，中国共产党的历史就是一部提出和探索马克思主义中国化，并在实践中不断推进马克思主义中国化的历史。

（二）马克思主义的教育意义

1.树立正确哲学思维

马克思主义世界观和方法论在高校教育中有着重要的作用，因为它能帮助大学生建立正确的世界观和人生观，培养正确的哲学思维。通过对马克思主义基本原理的学习，大学生可以建立起科学的唯物主义思维，并从这个思维出发去探索这个世界和自己的人生，他们会懂得辩证地思考遇到的问题。哲学思维能力与思想政治教育密切相连，正确的哲学思维能够使大学生通过思考明辨是非，自觉站在正确的政治立场上，形成社会主义社会所需要的思想观念和道德规范。马克思主义的基本原理给人们提供了一个看待事物和问题的新思维。

高校的思想政治教育也要求大学生要辩证地、科学地、尊重事物客观规律地去看待问题，要实事求是，这和马克思主义的基本原理是一致的。因此我们要发挥马克思主义在培养大学生正确哲学思维中的指导作用，要求大学生看问题不能过于片面，而是必须要实事求是，也不能只将认识停留在表面，而要去进行实践，只有实践得出的知识才是实用的、符合标准的，也就是"实践出真知"，任何真理的检验都必须通过实践得来，在不断的实践中，大学生也能提高自己解决问题、处理问题的能力。同时，马克思主义的唯物史观也是正确认识社会发展规律的最好思维。现在这个社会复杂多变，中国也正在进行社会转型，这就更要求大学生们要能正确地看待周遭的一切，认识到世界变化的规律和本质，这样才能把握好投身于社会主义建设的方向，而这同样也是当代大学生思想政治教育中的中心问题，是任何思想政治教育工作者都必须清楚的问题。

在高校思想政治教育中，以一种唯物史观的眼光来看待问题，就能给思想政治教育提供指南。由此可见，高校马克思主义教育与思想政治教育二者是高度统一的，马克思主义教育给思想政治教育提供了根本的指导原则，思想政治教育将马克思主义应用于实践中检验，既发挥了理论对实践的指导作用，又落实了马克思主义中国化、具体化的工作原则。高校思想政治教育的根本目的，就是要传播马克思主义世界观和方法论，在思想方法上培养大学生正确的哲学思维能力。要进行正确的哲学思维，就需要以马克思主义为指导，用好马克思主义的基本理论。

现在的大学生群体中出现了一些不好的思想，看待问题简单肤浅，而且缺乏全面深入的考究，没有能够透过现象看到事物的本质，而且还往往以偏概全。究其原因，主要还是在于大学生们没有形成正确的唯物辩证的哲学思维方法，没有掌握好观察、分析、认识社会的科学方法，因而缺少站在正确的立场上明辨是非的能力，自然也就无法把握事情发展的规律，找不到解决问题的正确方式。

2.树立正确人生观和价值观

在高校思想政治中坚持马克思主义的指导原则，还能帮助大学生树立起爱国主义、集体主义观念。马克思主义十分科学地揭示了人的本质，即人的本质其实是所有社会关系的总和，给大学生们正确树立价值目标奠定了基础。每个人都不是孤立存在的，都应该作为集体的一员存在。既然如此，就需要遵守集体的规则，在个人利益与集体利益冲突的时候，要做好自己的选择。

马克思主义的人生价值观是以辩证唯物主义和历史唯物主义为指导的，是以集体主义为原则的，其核心是为人民服务的思想，这正是马克思主义中国化的重大成果之一。一个人的人生价值并不从生命的长短中体现出来，也不以人在社会中的地位怎样来体现，同样不以人的财富、权力来体现，而主要在于一个人为社会做出了多大的贡献来体现。一个人的个人价值和社会的社会价值是联系在一起的。人类最终的价值目标是共产主义社会的实现。因为只有到了共产主义社会，才能够真正地实现人的自由而全面地发展，也只有共产主义社会才是一个真正公平、公正的社会，人类从古至今对于公平、公正的追求，都是为了这一天的实现。可见，人类最终的价值目标和共产主义是联系在一起的。共产主义力求建立一个公平公正的社会，这应该成为人类社会的最高追求。所以，共产主义社会凝聚了我们全人类共同的追求，承载着我们人类所有的理想，实现这样一个社会，是我们每一个人共同的愿望、共同的梦想。

共产主义社会的实现是一个长期的过程，要实现这一崇高目标，需要我们所有人都要努力，都要做出奉献，大学生们作为社会的精英分子，更是要如此。如果每一代人都不懈努力，共产主义的实现就不会遥远。在这个过程中，个人的价值也会得以充分体现。因此马克思主义的这些思想，对于大学生们树立起爱国主义、集体主义观念是非常具有指导意义的，它能帮助大学生看清是非黑白，能够看清人们的行为目的，也能对国内国际的形势、变化做出正确的判断，从而让自己有正确的立场，做正确的事，把自己的前途和命运同国家和民族的前途和命运联系起来，明确当代青年人的责任担当和时代召唤，要能够明确自我的发展目标，学好专业知识技能，提升个人综合能力，自发地为国、为民贡献自己的力量。

二、传统文化与马克思主义的关系

中国传统文化的思想教育价值，一方面体现在中国传统文化中的许多内容属于科学的世界观、方法论的范畴，可以直接促进受教育者的思想素质提高；另一方面体现在中国传统文化能够促进马克思主义的中国化，促进人民对于马克思主义的理解运用和掌握，从而间接促进受教育者的思想素质提高。

马克思主义传播离不开中国传统文化。马克思主义是科学理论，这是毋庸置疑的。但它在中国进行传播和指导，首先要依靠中国传统文化，这是中国思想领域范围里重要的内容，已经深入中国人心目中，无法更改。马克思主义中国化的过程，就是马克思主义与中国传统文化相融合的过程。

（一）马克思主义理论教育是在传统文化的土壤中进行的

高校思想政治教育是一个系统的工程，其中最为重要的就是思想政治教育的内容体系。高校要达到思想政治教育的目的，其中内容的结构体系就一定要是科学的、完整的。其中，马克思主义理论教育就特别重要，直接体现了高校思想政治教育的目的和任务。

所谓思想政治教育内容，就是一定社会为了实现其根本任务和目标，在思想政治教育活动中，教育工作者（教育主体）通过一定的方式和手段对受教育者（教育客体）传递的思想观念、政治观点、社会道德规范等知识系统。思想政治教育的内容必须体现思想政治教育的根本任务和目的要求。《中共中央国务院关于进一步加强和改进大学生思想政治教育的意见》规定了现阶段思想政治教育的重要任务，包括"以理想信念教育为核心，深入进行树立正确的世界观、人生观和价值观教育""以爱国主义教育为重点，深入进行弘扬和培育民族精神教育""以基本道德规范为基础，深入进行公民道德教育""以大学生全面发展为目标，深入进行素质教育"[①] 等内容。要想实现这样的目标，高校思政教育工作必须与时俱进，根据不同对象的思想实际情况确定具体内容。

我国是社会主义国家，有着自己的文化土壤，马克思主义理论教育就是以马克思主义为指导，在中国所处的时代和框架下，在中国传统文化的土壤中进行的。在这个过程中，马克思主义经过实践活动实现中国化的转化，成为中国化的马克思主义，中华传统文化经过创造性的转化，成为社会主义新时代的新文化。通过对大学生进行思想政治教育，让大学生接受马克思主义的思想观念、政治观点和社会道德观。

我国高校思想政治教育的具体内容，就是将上述马克思主义的思想观念、政治观点和社会道德观通过这个基础，全面系统地传输给学生。在这个过程中，必须要注意的是我国传统文化内容繁多，涵盖面非常广，其精华和糟粕并存，有时很难进行区分。在此背景下，如果不加区别，很容易将马克思主义与糟粕文化进行相生，从而难以体现其实效性。因此，需要人们理性看待我国的传统文化，将其与时代精神和现代价值观进行结合，明确中国传统文化的精华内容，以实现二者之间的结合。

（二）马克思主义与传统文化相契合

马克思主义和中国传统文化具有高度的契合性。一方面马克思主义推动了中国传统文化向现代化方向发展；另一方面中国传统文化不断为马克思主义提供丰富文化内涵，使其具备中国元素和特点，更加符合我国当前发展的实际需求。道德的培养和建设，马克思主义和中国传统文化都有历史传承性，都是在总结前人基础上创造出来的。马克思主义不是一时形成的，而是在很长的时间中逐渐得以形成的。马克思用了多年的时间来对其进行仔细的研究，最终才把唯物史观和剩

① 中共中央国务院发出《关于进一步加强和改进大学生思想政治教育的意见》[N]. 人民日报，2004-10-15.

余价值学说有机地结合了起来，与共产主义理论有机地结合了起来。

中国传统文化主张学问必须有益于国事，也就是经世致用，这同马克思主义主张的改造世界的观点是一致的。改造世界是马克思主义的实践观，旨在化解现实世界的矛盾，这是从哲学的高度来指导实践了。而中国传统文化也是如此，中国传统文化从来不主张人们只是读死书，而是要学以致用的。

马克思主义和中国传统文化都主张以人为本，与时俱进。在中国早期提出做人就要自强不息，同样马克思主义也主张人要自强，要用自己强大的力量来改造世界。

（三）马克思主义要与传统文化结合才有生命力

首先，近代中国特有的环境决定了马克思主义和中国传统文化结合的可能性。俄国十月革命以后，觉醒起来的中国人在向世界看的过程中，发现了只有马克思主义才能拯救中国人民于水火之中。而在中国引入马克思主义以后，中国也确实发生了翻天覆地的变化。马克思主义给中国人民带来了新的思想、新的思路，这些新思想新思路必须走与中国传统文化相融合的道路，才能适应中国国情，才能够对中国革命工作发挥指导作用。二者相遇后，这种融合是自然地碰撞在一起的，这种自然地发生，有赖于中国共产党人对国情的深刻把握。中国化的马克思主义理论，才能有力地指导中国人民的革命行动。

其次，马克思主义与中国传统文化的互补成了两者结合的必要性。五四运动以来，中国出现了一些不利于中国传统文化的声音，这些声音难免比较偏激，存在着使国人全盘西化、崇洋媚外的可能性。这种观念当然是不正确的，但是在当时的环境下，这种情势难免出现。所以要注意把握传统文化的特点，认识到如果不接受任何外来的思想，一味地守旧，只能走入文化发展的死胡同。中国传统文化要和优秀的外来文化结合才能焕发出生命力。这种情况下，马克思主义融入中国文化就成了最好的注解。马克思主义还在这个过程中发挥了指导性的作用，让大家知道，中国要发展，就需要借鉴和学习中国传统文化中有益的东西，去除不好的东西，也要让马克思主义更好地扎根在中国人民中间。

再次，马克思主义和中国传统文化的结合很科学。马克思主义诞生以来，人类社会发生了翻天覆地的变化，马克思主义在时代变迁中不但没有黯然失色，反而历久弥新，更加散发出真理的光芒，不断焕发出新的生命力，其奥妙就在于马克思主义具有与时俱进的理论品质。马克思主义能在世界上广泛传播，这就足以证明马克思主义是符合社会发展规律和要求的，能够为我所用。而且那些将马克思主义和自己的传统文化结合得很好的地方，其进行的革命取得了成功。例如，俄国共产党人将传统文化和马克思主义结合起来，就创造了列宁主义；中国共产党人将传统文化和马克思主义结合起来，也创造了卓越的毛泽东思想。

最后，将马克思主义和中国传统文化结合起来是有远大前途的。一些地方以前坚持马克思主义的指导，但是后来并没有利用好马克思主义，或者放弃了马克思主义，结果国家就造成了无穷的灾难。例如，20 世纪的东欧剧变等。还有的国家不能正确运用马克思主义，不能与时俱进，也阻碍了自己的发展。相反，只有一以贯之地坚持马克思主义的指导，正确对待马克思主义，国家才能走在良性发展的道路上，中国改革开放以来取得的巨大成就就足以说明这一点。

因此，我们必须要坚定地坚持马克思主义的指导原则不动摇，并且与时俱进，将其和我们的国情、传统文化紧密结合起来，这样我们才能解决发展过程中遇到的问题，大踏步地前进。可以说，中国共产党的历史，就是一部把马克思主义基本原理同中国具体实际相结合、不断推进马克思主义中国化的历史。马克思主义中国化要求党和人民将马克思主义与中国国情进行结合，指导人们进行实践。同时，将中国传统文化融合到马克思主义当中，可以使其具备中国特色。习近平总书记在纪念马克思 200 周年诞辰大会上的重要讲话中指出："马克思主义的命运早已同中国共产党的命运、中国人民的命运、中华民族的命运紧紧连在一起，它的科学性和真理性在中国得到了充分检验，它的人民性和实践性在中国得到了充分贯彻，它的开放性和时代性在中国得到了充分彰显。"[①]

第二节　社会主义核心价值观原则

中国传统文化是中国人得以发展和壮大的精神根基，其中有很多思想都有巨大的价值，中华优秀传统文化已经成为中华民族的基因，植根在中国人内心，潜移默化影响着中国人的思想方式和行为方式。今天我们提倡和弘扬社会主义核心

①　习近平. 在纪念马克思诞辰 200 周年大会上的讲话 [J]. 中华人民共和国国务院公报，2018（10）：4-10.

价值观，必须从中汲取丰富营养，否则就不会有生命力和影响力。我们的社会主义核心价值观，其理论渊源就是中国传统文化。因此将中国传统文化融入高校思想政治教育，就必须要坚持社会主义核心价值观原则。

一、社会主义核心价值观的概述

推进马克思主义中国化、时代化、大众化，坚持不懈用中国特色社会主义理论体系武装全党、教育人民。广泛开展理想信念教育，把广大人民团结凝聚在中国特色社会主义伟大旗帜之下。大力弘扬民族精神和时代精神，深入开展爱国主义、集体主义、社会主义教育。倡导富强、民主、文明、和谐，倡导自由、平等、公正、法治，倡导爱国、敬业、诚信、友善，积极培育社会主义核心价值观。

富强、民主、文明、和谐是我国社会主义现代化国家的建设目标，也是从价值目标层面对社会主义核心价值观基本理念的提炼，在社会主义核心价值观中居于最高层次，对其他层次的价值理念具有统领作用；自由、平等、公正、法治，是对美好社会的生动表述，也是从社会层面对社会主义核心价值观基本理念的提炼；爱国、敬业、诚信、友善，是公民基本道德规范，是从个人行为层面对社会主义核心价值观基本理念的提炼。24 字价值观，是对社会主义本质、中国精神、价值资源、时代精华的高度概括和提炼。

把社会主义核心价值观融入社会发展各方面，转化为人们的情感认同和行为习惯。社会主义核心价值观是当代中国精神的集中体现，凝结着全体人民共同的价值追求。深入挖掘中华优秀传统文化蕴含的思想观念、人文精神、道德规范，结合时代要求继承创新，让中华文化展现出永久魅力和时代风采。这些要求进一步明确了社会主义核心价值观的重要地位和现实意义，对思政教育全面落实社会主义核心价值观工作提出了明确的要求和具体的举措。

马克思主义指导思想是社会主义核心价值体系的灵魂，是我们立党立国的根本指导思想，是社会主义意识形态的旗帜和灵魂，只有坚持马克思主义指导思想，才能有效引领和整合社会思潮，在尊重差异中扩大社会认同，在包容多样中构成思想共识，团结不一样社会阶层、不一样认识水平的人们共同进步。中国特色社会主义共同理想是社会主义核心价值体系的主题，集中地代表了我国各族工人、农民、知识分子和其他劳动者、爱国者的共同利益和愿望，是保证全体人民在政治上、道义上和精神上团结一致，克服任何困难，争取胜利的强大精神武器。

思想政治教育的主要目的是培养人们对社会主义的认同，对此，社会主义核心价值观就具有了指导性意义。因此，当前高校思想政治教育的首要任务之一就是培育和践行社会主义核心价值观。

（一）社会主义核心价值观的意义

社会主义核心价值观既是对马克思主义的继承，也是对中国传统文化的继承。马克思主义是社会主义核心价值观的基础，可以说，实现每个人的自由而全面的发展是马克思主义的核心价值观，是社会主义价值体系的终极目标。自从我国实行改革开放以来，中国共产党就一直努力把马克思主义的核心价值观和中国特色的社会主义融合起来，不断创新，在此基础上提出了一些科学的新思想和新理念。

马克思主义学说是使无产阶级和全人类摆脱压迫、摆脱剥削和摆脱人的异化，把每个人的全面自由发展作为未来理想社会的基本原则、发展方式和价值目标，表现的是对人们终极的关怀。社会主义是以每个人的全面而自由的发展为基本原则的社会形式，每个人的自由发展是一切人自由发展的条件。社会主义不仅可能保证一切社会成员有富足的和一天比一天充裕的物质生活，而且还可能保证他们的体力和智力获得充分的、自由的发展和运用，这是人类从必然王国进入自由王国的飞跃。中国共产党领导的中国特色社会主义建设，讲求的是"以人为本"，这是对马克思主义学说的继承和发扬。"以人为本"就是承认人民群众在国家和社会中的主体地位。为民、务实、清廉的群众观，将"为民"作为社会主义的终极目标，也是最高价值的实现形式，揭示了社会主义的本质内涵和终极目的。

社会主义核心价值观，既是当代中国社会价值观的现实写照，又表现出未来中国的价值提升。核心价值观是当代思想文化和精神世界的综合反映，同时拥有崇高的精神境界，引领人们净化心灵，追求卓越。中国改革开放以来，被激活的传统价值观与市场经济中产生的新价值观，以及融合部分西方有益的价值观，在中国人的思想解放、打破大锅饭、追求合理的权力和利益等方面发挥了重要的作用，24字价值观对这些因素予以了精确的提炼和恰当的表述。

改革开放以后，社会转型带来文化样式多样、价值观多元、人们思想多变的特点，这些特点从积极意义上说，增强了人们思想活动的独立性、自主性、选择性和差异性，保持了社会的活力和创造力。不可避免地也有消极性的存在，这就是多样、多变、多元在一定程度上侵蚀着主流文化和主流价值观，甚至于原本属于正面的价值也可能变味。例如，年纪越轻、文化程度越高的人，思想活动越复杂，价值观念越多元。这些五花八门的价值取向，对我们应该秉持和坚持的中华民族价值观念带来了不小的冲击，这种冲击，尤其体现在青年群体中，他们社会经验少，价值判断能力不强，但是因为熟悉互联网，又有着丰富的信息来源渠道、信息量大和选择力小的矛盾，导致了价值观念多样化、多变化的特征出现。在这种价值观念不牢固的情况下，不要说自己建立价值取向意识，连原本传统的一些正能量信念也被曲解为负面因素，如辛勤劳动等于没本事、团结互助等于别有用意、老实等于窝囊、诚实等于愚蠢、艰苦奋斗等于古董、感情忠贞等于封建、敬业爱岗等于因循守旧、廉洁等于胆小怕事。因此，24 字核心价值观的提炼，蕴含着在一些重大问题上价值共识的重提和提升，反映了人们对世界和社会的基本看法，成了人们精神之魂。

中国共产党提炼出社会主义核心价值观，是站在全局的高度上来看的，既符合中国特色，又面向世界社会主义的价值追求。我国社会的价值观建设，不仅是建设中国特色社会主义事业的一个重要组成部分和精神保证，是精神文明建设的重要内涵，而且对于塑造富强、民主文明的现代化中国的精神形象，以及决定中国在未来世界的文化地位都具有十分重要的意义。从历史上看，无论是封建社会，还是资本主义社会，都提炼过和自己社会制度相符的核心价值观，如中国封建社会的仁、义、礼、智、信，资本主义社会的自由、平等、博爱，有了这些核心价值观，封建社会和资本主义社会才能稳定运转，反过来说，这些价值观也是推动相应社会运转的动力。

从马克思提出科学社会主义至今，已经经历了百余年，按照马克思主义学说，社会主义是比封建主义和资本主义更高更好的社会形态，然而，在社会运动进程中，还没有形成或者提炼出社会主义的核心价值观，这是不行的。因此，中国共产党从全局的高度出发，深度提炼，从中国人民生活的实际出发，实事求是，在 2006 年提出了建设社会主义核心价值体系的战略任务。社会主义核心价值体系的提出，标志着我国对中国特色社会主义的认识已从制度层面深入价值观层面。党的十八大首次用 24 字明确表达了社会主义核心价值观的内容，既不是对计划经济条件下价值观的否定或修补，也不是对西方价值观的依傍或跟从，而是对中国改革开放伟大实践的精确提炼和理论概括，是中国社会现实发展规律和时代要求的主流价值的选择，它符合时代的需要、社会的呼吁、人民的诉求。如此，我们党把对于社会主义价值理论的认识向前推进了一大步，丰富和发展了马克思主义的价值理论，并为世界社会主义价值学说的建立提供了很好的实践案例。

（二）社会主义核心价值观的内涵

1.富强、民主、文明、和谐是国家层面的价值要求

"富强"的基础在富，关键在强。没有富为基础就不可能强，没有强的富只是一种虚胖，一种低水平的富裕。富强是一种高水平的富，它要求每个家庭个人都富，而不是一小部分人的富，也不是国富民弱，而是国富民强。这一目标的设定，是经历了多灾多难的中国要回到世界民族最前列的呼声，是中国共产党的追求，是全国人民共同的向往。在这个过程中，有多少先烈前赴后继，为这个目标献出了宝贵的生命，它不仅仅是一个发展的目标，更是国家强大的终极追求。在这个过程中，富强不是以牺牲资源环境为代价的片面的经济增长，而是人与自然和谐发展的结果。富强是物质层面的追求，同样也是精神层面的追求。我们说要摆脱弱国心态，就是要树立大国心态，也就是精神上的富强。没有精神层面的富强同样不是完整意义上的富强。富强是一种由里到外的完整状态而非局部的畸形发展。要富强就要坚持以经济建设为中心不动摇，大力发展生产力，同时促进社会公平正义，着力解决收入分配公平问题，让人人获得出彩的机会。

"民主"是社会主义现代化的关键。对于我国而言，民主就是让人民当家做主，人民民主，一切权力都是人民的。人民决定国家发展的走向，决定民族前进的方向，决定全体中国人的命运。中国共产党从小到大，从弱到强，从无到有，发展到今天成为世界上第一大执政党，靠的就是人民的认可和支持。中国共产党人深刻认识到，人民才是创造历史的力量。

中国以前的封建社会不是民主的，因为以前是专制社会，帝王的权力高高在上，人民得不到应有的权力。而在社会主义中国体系下，人民才真正站了起来，成了国家的主人。西方国家也宣称民主，但西方国家的民主较为片面，仅仅认为普选就是民主，这其实只是表面形式的民主，还不是真正的民主。我国的民主则

是一种实质性的民主，人民通过人民代表大会来管理国家事务。历史的发展已经证明，西方式的民主正在走向衰落，而中国的民主却展现出勃勃生机，这也说明中国的民主是优于西方国家的民主。人民民主是真实而广泛存在的民主，资本主义民主是少数人的金钱的民主。在我国，人民通过人民代表大会制度实现自己的民主权利，人民的意志通过人民代表大会来表达，人民还通过人民代表大会来监督政府的工作。

我国是一个文明古国，当其他大部分地方还处在茹毛饮血的时代时，中国就已经出现了文明形态。文明的另一面是野蛮。在野蛮的世界里，人们崇尚暴力，生活迷信，而在文明的世界里，人们则会理性相待，科学处事。文明世界是不容忍有野蛮存在的。同样，野蛮会扼杀一切向前发展的动力，只有文明世界里，社会才能不断发展，滋生出新的技术、新的思想和观念。自古以来的文明化，让我国很少发生暴力恐怖事件。但在全球范围内，野蛮的表现还有很多，暴力恐怖事件时有发生，恐怖分子不会想着用协商和沟通的方法来解决问题，而只是一味地希望用暴力来震慑别人，但事实又证明，他们终究只是一小撮人的行为，在文明世界面前，他们不可能掀起大的波澜。

社会主义核心价值观的"文明"，就是指我国要保持自古以来的文明性，要崇尚文明理性，用文明的方式解决问题，而摒弃崇尚武力的行为，这就要求我们要继承和发扬中华民族传统文化，让民族文明的血脉延续下去，将传统文化与新时代要求相结合，让传统文化在新时代焕发出新光彩，这是民族传承的必然要求。社会主义的文明是物质文明与精神文明的协调发展。建设物质文明，要反对破坏自然的物质主义和使人异化的物化意识、拜金主义。建设精神文明要反对消费主义、享乐主义和虚无主义。

"和谐"的思想是中国传统文化的灵魂，我国古代无论儒家，还是道家，都很强调和谐。万物虽不同，但和谐共生就是事物发展的基础，如果完全相同一致，社会就无法发展和继续。也就是说和谐并不是要万物相同，而是彼此和谐共生，如果大家都相同一致，那是不可能和谐的。我国崇尚天人合一，西方则强调征服自然，但在这种征服自然的过程中，违背了自然的和谐规律，结果带来了严重的生态问题。我国崇尚人与人之间的和谐相处，而西方国家强调个人本位，结果个人主义横行。

总的来说，我国所讲的和谐是有积极意义的和谐，在自然界讲究天人合一，人要充分认识和尊重自然规律，要在自然规律规定的范围内活动；在人与人之间讲究互信、和睦，形成良好的人际关系，保持社会秩序的稳定和发展。从社会发展的角度来说，和谐也是社会发展的引擎，在任何时候，混乱都只会带来破坏。在和谐的关系中，国家才会同心同德，才会一切向前，朝更高的梦想努力。从根本上讲，社会主义公平正义的社会制度保证了人与社会、人与自然、人与自身之间的冲突的最终解决。

2.自由、平等、公正、法治是社会层面的价值要求

"自由"可以称得上是一个人最根本的需要了，一个做任何事情都要受到约束的国家，是无法激发人们的积极性和创造性，是无法让人全身心投入国家建设的，这就是为什么要把自由列入核心价值观，这是一个人生存最起码的权利。自由可以分为很多种。例如，人身自由、思想自由、政治自由、经济自由等。一个人有自由，才会实现自我；一个民族有自由，社会才会充满活力。在我国，法律保障了公民拥有极大的自由，我们可以自由地做事，只要不妨碍别人就行。纵观历史，人类社会一直在为追求自由而奋斗，封建社会体制下的人们是不自由的，专制的体制使得人们思想和行为都受到束缚，资本主义社会打破了这个框架，而社会主义又向前推进了一步。当然，自由不是说可以让人随心所欲，自由是在法律规范下的自由。如果把自由定义为是无所限制的，想做什么就做什么，那这种自由就是扭曲的，最终也会让人付出惨重的代价。而如果是在法典规范之下的自由，才是真实的，自己也才会是安全的。自由不在于幻想中摆脱自然规律而独立，而在于认识这些规律，从而能够有计划地使自然规律为一定的目的服务。可见自由就是利用自然必然性来服务人类的目的性。社会主义的自由真实存在于经济自由、政治自由、道德自由和表达自由之中。

"平等"就是让所有人享受一样的权利和义务。封建社会下的人们是不平等的，古代有三六九等之分，社会阶层明显。资本主义社会下的人们也是不平等的。例如，选举，穷人不能进行选举，而有钱人才可以参加选举。相反，社会主义社会赋予了每个公民平等的权利和义务，不依出身、财产而改变。在社会生活中，人人都是平等的个体，虽然社会分工、职业身份、工作内容和形式，甚至收入情况都不相同，但是在个体存在上，是人人生而平等的，这是社会主义国家对

个人的保障。"平等"在现实生活中表现为经济平等、政治平等、文化平等、人格平等等方面。社会主义的平等真实地体现在社会主义建设之中，社会主义发展的目标就是不断消灭不平等，实现共同富裕，让每个人都拥有同样的政治权利、经济权利、文化权利。在经济领域，权利平等、机会平等、规则平等的市场机制不断完善。在政治领域，法律面前人人平等，每个人平等享有选举权与被选举权，社会主义民主法治不断完善。在文化领域，人人享有受教育权和接受文化服务的权利。

"公正"是社会主义的核心价值追求，是社会主义不同于资本主义的重要特点，也是社会主义比资本主义高明的地方。"公正"意为要公平正直，不偏不私。公正的社会，就是人们的权利和义务要对等。公正的实现，有赖于国家整体发展，经济水平和观念意识都发展到较高的层次，才会实现真正的公平。这是所有人共同的追求。阶级社会里的人们是不能被公正对待的，下层的人民和上层的人民的权利和义务也不是对等的，上层的人一般拥有过多的权利，而承担的义务却很少，大多义务都被下层人民承担了，同时下层人民的权利却很少。而社会主义国家则不同，所有人的权利和义务都相同，人们享有高度的公正。公正的实现是一个客观的历史过程，不可能一蹴而就，人类发展的历史就是一部不断为实现公正而奋斗的历史。在今天要实现社会的公正就要不断提高生产力发展水平，从而为公正的实现奠定物质基础；深化改革，从而为公正的实现奠定制度基础；完善法治，从而为公正的实现提供法制保障；完善收入分配，从而切实保障公正的实现。

"法治"就是依法治国，所有活动都要在法律法规允许的范围内进行，不能越过法律办事。法律表现的是统治阶级的意志，我国的法律规定，国家的一切权力属于人民，因此法律也是人民意志的表现。法治就是让人民立法，让人民做主。法治与人治相对。人治由于依靠人来治理，人的不一致性比较突出，往往依据个人好恶来做出决定，没有一定的规则性，历史上的封建王朝，多是人治，皇帝完全做主，所以即便是有"明君""贤君"称号的帝王们，也不能保证其王朝一直延续下去，最终往往是人存政举、人亡政息，逃不过历史的周期律，国家和民族的大起大落。法治是依靠法律来治理国家，不因领导的改变而改变，因此可以保证国家的长治久安。法治与德治相辅相成、相得益彰。对于国家治理而言，法治与德治缺一不可，如鸟之两翼。法治保证了社会的底线不会被突破，对人们的行为提出了最低要求。德治则提升整个社会的文明水平，使人们不断提升自己的道德修养。法治要求树立法治思维，也就是树立法律至上、权力制约、公平正义、人权保障、正当程序的法治理念。

3.爱国、敬业、诚信、友善是公民层面的价值要求

"爱国"是我国的一种传统美德，也是人们内心的一种深刻情感，是镌刻在每个人心里最坚定的信念。国家是我们赖以生存的依托，如果没有国，自然也就不会有家，中国的发展历史，已经证明了这一点。爱国主义就是个人或集体对国家有一种积极支持的态度，它是中华民族精神的核心。自古以来，中国传统文化都把爱国看成是至高的德行，不爱国的人是没有脸面存在于天地间的。"爱国"就要爱祖国的大好河山。领土是每个民族国家生存发展的基本条件。

祖国的土地哺育了她的子孙，每一代人生于斯长于斯，与这片土地有着不可分割的血肉联系。"爱国"首先就是要爱这一片土地，珍惜她保护她，不让她受到任何伤害，这样才能保证整个民族的可持续发展。"爱国"还要求爱自己的民族同胞。中华民族是一个大家庭，兄弟姐妹多，但是大家有着共同的利益。这种共同利益就是中华民族的共同利益，爱自己的同胞就好比爱自己的兄弟姐妹。"爱国"还要爱祖国文化。文化是民族的精神基因，从深层次规定着民族的发展方向和前途。中华民族的传统文化历经千年始终没有发生断裂，就是中国人的爱国情怀发挥出了巨大的作用，每一个中国人，都把自己的祖国当成内心最深沉的爱，那就能凝聚全体国人的力量，实现全新的发展和突破。爱祖国的文化就是爱惜民族的共同记忆，这样才能不断把民族精神延续下去，让祖国发展壮大。

"敬业"就是人们在什么样的职位上，就要尽到这个职位的责任。这是个人最基本的素养，人人都热爱自己的工作，社会各个环节各司其职，整体社会发展就会运行良好，就能很好地完成国家发展的目标。如果人人都觉着事不关己，那相应的连锁反应无疑会造成巨大的破坏。孔子曾言"事思敬，执事敬，修己以敬"①，就是指我们要尊敬自己的工作，做好自己的工作，慎重地培养自己。如果我们能做到敬业、认真地做好工作中的每一个细节，那无论我们处在什么岗位上都能取得不俗的成就。诚信是一个人立身处世的根本。孔子说过："人而无信，正

---

① （春秋）孔丘著；吴兆基译.论语[M].成都：四川天地出版社，2020.

如大车无𫐐，小车无𫐄，其何以行之哉？"[1]国无信不宁，人无信不立，事无信不成，商无信不兴。不管我们处在一个什么样的位置，都要把信守承诺作为一件大事来对待，诚信体现的是一种现代契约精神。

"友善"就是对待他人谦虚有礼貌尊重他人。你友善地对待他人，他人也必然会友善地对待你。从社会来说，友善可以构建一个和谐的社会，也可以给自己构造一个舒心的环境。

（三）传统文化与社会主义核心价值观的关系

我国提出社会主义核心价值观，既是对传统文化中积极精神的高度概括，也是对未来中华民族新的精神力量的铸就。社会主义核心价值，首先是来自传统文化，来自民族历史发展。中国五千年的文化价值是今天价值的深厚资源。无论是辉煌的古代历史还是屈辱的近代遭遇，都成为中国人民爱国奋发的精神源泉和深层动力。历史上，我们不但拥有四大发明，并且这些发明已经改变了整个世界的面貌，中国还因为其他众多的发明而被称为"发明的国度"。中国人足以为古代的辉煌成果而自豪，这些成就和辉煌，在中国人民心中自然形成自豪感并转化成为一种爱国的情感和动力。

1840年，英国发动第一次鸦片战争，开启了近代中国屈辱的历史。以此为起点，先后多个帝国主义国家凭借武力侵入中国，其间，清政府被迫签订各种不平等条约达几百条，包括《南京条约》《虎门条约》《望厦条约》《黄埔条约》等中国近代史上的第一批不平等条约，被迫割地、赔款、开放通商口岸、和外国协定关税。

1856年英法又发动了第二次鸦片战争。历史再次重演，清政府在抵抗失败后被迫签订了《天津条约》。此后又陆续签订了《北京条约》《中法新约》《马关条约》《辛丑条约》等不平等条约。这些不平等条约把中国推向灾难屈辱的深渊，造成了近代中国的贫穷和落后，加重了人民的负担，严重地破坏了中国的主权和领土完整。这是中华民族发展史上最屈辱的一段岁月，为全体中国人留下了不可磨灭的印象。屈辱刺痛了中国人民的自尊心，屈辱激起了中国人民的奋发自强、救亡图存的决心，屈辱也更加成为中国人民爱国为国的动力机制。受侵略的历史，使

---

[1] （春秋）孔丘著；吴兆基译. 论语 [M]. 成都：四川天地出版社，2020.

中国人一直围绕器物、制度和观念几个层面的变革上下求索，从洋务运动到维新变法，从辛亥革命到五四运动，从旧民主主义到新民主主义革命，都是对核心价值观的认识和实践的不断演进。

社会主义核心价值观，也来自中华人民共和国建立以来的历史和改革开放的历程，自强不息的民族精神已成为所有中国人民进行社会主义建设的支柱精神。在五千多年的发展中，中华民族形成了以爱国主义为核心的团结统一、爱好和平、勤劳勇敢、自强不息的伟大民族精神。这些民族精神统一地存在于中国人的精神之中。这些精神的不断发扬和深化，逐步演化成适应新时代的中国人的核心价值观。可以说，核心价值观的提炼是对当代中国精神的进一步铸就。

社会主义核心价值观，也具有中国传统优秀文化的价值因素和民族精神。中华优秀传统文化是社会主义核心价值观的营养源泉，社会主义核心价值观是新形势下中华优秀传统文化的时代传承和发展。一方面，所提炼的核心价值观，是中国历史纵向发展中永恒的价值诉求的反映，也是植根于广大民众的价值共识的反映，它揭示并反映着一个民族最深沉的精神世界和价值追求；另一方面，它也是世界横向存在的共通的价值理念，如自由、平等、民主、法制、公正、富强、和谐等日益成为人类共同追求的价值理念。

中国传统文化虽然屡经冲击，却始终在国民道德观的进程中发生影响。传统伦理观中的仁、义、礼、智、信等核心价值体系的建立和强化，细化为中华民族的传统美德，如尊老爱幼、忠君爱国、重义轻利、诚实守信、勤俭节约等。24字社会主义核心价值观的提炼，是对传统价值观包括"仁、义、礼、智、信""和为贵""和而不同"、爱国主义等优秀传统价值理念和道德规范的概括和提升。同时，改革开放向世界打开了大门，在走向全球化的进程中，世界上的那些可以引起我们共鸣和共识的反映人类文明进步的积极成果，理当成为我们的价值观。如那些激发中国人的自我意识觉醒的价值观、适合市场经济的价值观、促使人自由全面发展的价值观等。

24字社会主义核心价值观的提炼，兼收并蓄东西方文化价值精髓，是对外来文化与本土文化矛盾的有效解决，而这个矛盾是我们近代以来以至于目前大部分发展中国家都处于困惑之中的问题。对外来文化和价值观的合理汲取，一方面体现了中国学习和尊重世界多样文化的态度，另一方面，通过价值观的吸收与整合，进一步推动了社会主义核心价值体系的构建，并且通过在此基础上与世界开展广泛的文化对话，这些价值观必将成为人类共创、共享、共遵守的价值观。

二、社会主义核心价值观的教育原则

习近平同志在十九大报告中指出，要培育和践行社会主义核心价值观，发挥社会主义核心价值观对国民教育、精神文明创建、精神文化产品创作生产传播的引领作用，把社会主义核心价值观融入社会发展各方面，转化为人们的情感认同和行为习惯。[①]社会主义核心价值观教育关乎中国特色社会主义大学的性质、办学方向与办学目标。开展大学生社会主义核心价值观教育，是贯彻党和国家教育意志的重要体现，落实党和国家教育方针的根本要求。近年来，高等学校认真贯彻落实中共中央办公厅《关于培育和践行社会主义核心价值观的意见》，注重立德树人和实践养成，在培育和践行社会主义核心价值观工作方面取得了较为明显效果。同时，我们也注意到，一些学校社会主义核心价值观教育方法简单陈旧，形式主义，缺乏针对性和创新性，不注重实际效果，脱离大学生生活和学习实际，这样难以让大学生对社会主义核心价值观有深入的学习和了解，自然难以做到让大学生在思想上认同，在行动上践行。之所以出现这些问题，其中一个重要原因就是，高校没有把握好大学生社会主义核心价值观教育的原则。原则把握的不准，大学生社会主义核心价值观教育就会出现偏差，难以达到理想的效果。为此，社会主义核心价值观教育应遵循以下几个原则。

（一）坚持主体与客体有效互动

中华文化源远流长，为了让传统文化与思想政治教育完美的融合，高校担负着培育和践行社会主义核心价值观重要的任务和使命，高校教师和教育工作者是大学生社会主义核心价值观教育的具体承担者和施动者，是核心价值观教育的主体。作为社会主义核心价值观教育的施动者，高校教师和教育工作者首先要深入学习和认真领会社会主义核心价值观的内涵精髓和重要意义，自觉践行、亲身体验核心价值观所倡导的传统价值文化、传统价值理想、传统价值目标和行为规范，加强自身修养，增强传统价值认同和价值观自信，通过班级活动、课堂教学、校

---

① 2017 年 10 月 18 日习近平总书记在中国 共产党第十九次全国代表大会上的讲话《决胜全面建成小康社会，夺取新时代中国特色社会主义伟大胜利》[J]. 青海交通科技，2020，32（04）：3..

园文化、社会实践、党校团校、主题教育、重大历史事件纪念等活动和途径，用自己的思想、学识、信仰和人格魅力去教育学生、影响学生和引领学生，引导和帮助大学生在多种社会思潮和多元价值观中学会思考、学会甄别、学会选择，消除传统文化价值误区，自觉抵制低俗错误的价值观对他们产生的消极影响，树立起与社会主义核心价值观相一致的且具有鲜明时代特征，合乎实践，贴近生活，体现个性，发挥出广泛感召力、强大凝聚力和持久引导力的核心价值观引领作用。

在社会主义核心价值观教育的关系范畴中，主体与客体关系是相互联系的，主体与客体的和谐关系和有效互动是影响和决定社会主义核心价值观教育质量和效果至关重要的因素。对于有思想有情感的学生，他们在接受外界思想意识作用的时候，显然不可能只是消极被动地接受传统文化，而是会加以思考、分析和判别，有选择性地进行接受。因此，在社会主义核心价值观教育中，教育主体要注意激发其动机，调动其自身积极性，发挥其主观能动性，促使由客体向主体转变，引导人们自觉践行社会主义核心价值观并进行自我的传统文化教育。

（二）坚持内化与外化有机结合

社会主义核心价值观教育的根本目的是促使人们把社会主义核心价值观内化于心、外化于行。内化于心就是把社会主义核心价值观所倡导的价值理想、价值目标转化为大学生个人的理性认知、情感认同，乃至精神追求，并使其所接受和认同的新的思想、观点、看法与自己原有的思想、观点和看法结合在一起，形成一个统一稳定的态度体系；外化于行就是大学生把自己所接受和认同的关于社会主义核心价值观的态度体系转化为外在的实践和行为。"内化"和"外化"是社会主义核心价值观教育的两个层次，内化是外化的前提，外化是内化的目的，两者相互联系、密不可分。实现社会主义核心价值观的内化，首先要让人们认同社会主义核心价值观。

从个体心理活动和思想观念接受规律上看，人们对传统文化的认同要经历知、情、意三种基本形式，即理性认知、情感认同、精神追求三个层次。"知"是指"认知"。要通过深入开展传统文化的学习、宣传活动，让人们对传统文化的历史渊源、根本性质、基本特征和基本内容和内在关系有一个理性认识和深刻了解；"情"是指"情感"。在人们对传统文化的基本内涵有一个清晰的理性的、认识基础上，通过教育工作者的教育感化、人文关怀和心理引导，使其在情感上产生对传统文化满意、认可和肯定的态度，从个人主观上愿意去承认它、信任它、接受它、喜欢它。"意"是指"意志"。大学生在内在和外在的影响下，开始对所接受的传统文化信息进行分析、处理，通过自己的推理、判断，对传统文化所表达的价值思想和观念作出正确评价和理性选择，进而转化成自己的内心信仰和精神追求。

人的价值观的形成取决于习惯，习惯的养成取决于行为。因此，与内化的形式不同，外化则主要通过行为认同来进行。所以，传统文化的外化，重在坚持和引导大学生在社会实践中养成并自觉践行社会主义核心价值观的行为习惯。人是社会实践的主体，既被现实社会所塑造，又在推动社会进步中实现自身发展。高校教师和教育工作者要结合学校实际情况以及大学生自身学习和生活的需要，找准大学生传统文化教育着力点和切入点，创新载体和形式，广泛组织开展大学生社会实践活动，让大学生在社会实践活动中发现问题，并运用自己所学的知识理论去分析和解决这些问题，通过自身经历和实践锻炼，感悟和理解传统文化的内涵、意义及其蕴含的价值魅力，进一步增强对传统文化的认同度和接受度，并将其内化为自己的信念，固化为稳定持久的核心价值观，从而实现知、情、意、行的互动和转化，达到知行合一的目的。

第三节　批判继承原则与"高、实、严、新"原则

一、批判继承原则

中华民族的历史文化源远流长，这种具有强大传承能力的民族文化，历经儒家、道家、法家甚至佛家思想等多种意识形态的交融升华后，经过岁月更替的沉淀、时代变迁的冲刷、构成了我们民族的精神内涵和思想核心，其思维方法、行为方式、道德要求等，深深地烙印于中国人的血脉和思想观念之中。其中包含着浓烈的爱国情怀、高尚的道德追求、多样的思想境界、不同的人生设定，既有如何处理物质与精神的关系，也有如何解决个人与他人的关系等准则和要求。这是一种融汇了各民族文化的共同体，是中华民族悠远历史形成的智慧结晶。这种结晶是不以时代变迁而改变的，无论国家民族发展到什么阶段，风云变幻到什么程

度，以爱国主义为核心的民族精神都不会过时，以修身齐家的个人修为不会过时，尤其是现在我们身处面临民族振兴的伟大时代，正是需要全体中国人凝心聚力之时，爱国主义教育更加迫切和重要。从这一点看来，我们发展中国特色社会主义必须要坚持继承传统文化，这既是警示后来人民族振兴的艰苦，也是告诉当代人时不我待、任重道远的担当。无论是大势所趋，还是个人修养，在传统思想中，有着我们祖先积累下来的道德精华，经受了时间的洗礼和历史的检验，是养成个人道德素质、梳理正确价值观的基础，是形成个人核心信念的重要内容，也是维系社会运转的内在力量。由此可见，正是因为这种文化的传承，才有了民族的自尊心和自信心。

中华民族传统文化的形成，是一个漫长而艰辛的历程，饱经磨难，饱受摧残，但因其生生不息的强大动力，使之相对完整地延续到了现在。中华民族文明的延续，保证了民族的延续和发展。应该看到，在这个过程中，中华民族传统文化也不断受到外来文化和外部环境的冲击和影响。但作为极富有包容性和开放性的民族文化，中华民族文化对外来文化和思想的吸收从来没有间断。并且随着社会的不断变迁发展，传统文化在各种不同因素的影响下也不断推陈出新。千百年以来，这个变化是始终发生和存在的。应该确认的是，中华民族传统文化是我们祖先留下的宝贵财富，但也要看到，在传统文化的形成过程中，思想理念千姿百态，准则追求万紫千红，各种内容杂糅其间，其漫长的演变过程，其对不同文化的包含和吸收，决定了其内容并非统一和单纯，这也就意味着中华民族文化内容良莠不齐，对它的接收不能一概而论。

在对待传统文化的态度上，一直有着不同的认识和争论，这种争论已经开始了近一个世纪。在此期间，关于如何对待传统文化，一直伴随着社会革命和政治变革的发展而存在，从五四新文化运动，到新民主主义革命，到八九十年代的文化争论热，如何对待传统文化、传统文化现代化的意义和作用，一直是众人关注的焦点。其中，有两种观点颇为引人注目，一种就是认为民族文化无用，是完全的和彻底的糟粕，应该完全抛弃，必须完全向西方文明、文化学习，彻底虚化本民族文化。只有传统文化，才是真正适合本民族发展的文化，要完全地继承传统文化的内容，要彻底地遵从传统文化的要求，要高度地提升传统文化的地位，要全面地肯定传统文化的作用。这是一种民族本位的思想观念，只有自己的才是最好的，完全不需要借鉴西方文化的内容，更不需要进行现代化改革。

上述观点，都有一定的合理性，但也同时存在更多的不合理方面。历史上任何一个国家和民族，其发展起来的民族文化，都是人类文明的共同成果。哪一种文化更适合现代社会发展，能促进现代国力提升，可以提升人民生活水准，哪一个文化就有其可用之处，就需要拓宽眼光、拓展胸怀、拓展思路地去吸收借鉴为我所用。国家发展，民族强大，离不开依靠人类文明的共同成果。从这个意义上来说，盲目推崇西方文明，不分好歹一律接受、彻底放弃本民族文化或者盲目推崇本民族文化，完全地排外否定西方文化，都是不合理的，都不能推动国家的进步与发展，不能让中国文化走上现代之路。传统文化作为中国人秉持千年而不变的思想文化体系，在发展的过程中不断地调整、修改、完善，一直生生不息，已经证明了这是一个充满生命力的动态系统，而绝非僵化不变的。它经过多年的耳濡目染和口耳相传，已经成为中国人历代传承的内在意识，它无影无形而又无处不在，它无法把握却又力量强大，成为影响人们价值观念形成、行动方式指导的重要内核。

随着我国经济社会的发展，思想文化日趋多元，历史虚无主义、新自由主义等错误思潮又开始出现，而且借由新媒体平台迅速传播开来，这些错误观念的出现，无疑会对大学生树立正确的世界观、人生观和价值观造成一定冲击。这就需要我们深入发掘中华优秀传统文化的价值内涵，以传统文化的丰厚底蕴来养成广大青少年的思想素质，不断增强大学生文化自觉与自信，以应对各种不良理念带来的挑战。一个开放、进取，充满生机的文明，总是在开放、包容的同时充满自尊和自信的。要明确了解的是，在中华民族传统文化的发展过程中，我们历经苦难，饱受艰辛，但是从来不惧怕任何外来的挑战。相反，我们往往能同化那些想要压倒和征服我们的文明。想要让中华民族传统文化始终保持生命，我们就要努力继承发扬传统文化，吸收借鉴外来文化，让自我的文化竞争力提升到新的层面，充满新的活力。持有这样的立场，站在国家、民族发展的高度上，尊重中华民族传统文化的源远流长，在对其进行批判继承、创新发展的基础上，实现其现实意义，才能在中国特色社会主义理论的指导下，创造出有中国特色的社会主义新文化。

中国传统文化博大精深，包含着内容丰富、形式多样的人文思想内涵。这种思想，是存在于国人日常生活层面的，每一个中国人，都会生活其中，不可避免地接受其熏陶和影响，并能按照其内容做出相应的行为。所以从这个意义上来说，学习和利用传统文化进行思想政治教育，能更加有利于学生的道德信念养成和理想价值观树立，能够提升学生的个人思维原则性和行为判断力，能够提升其明辨是非的能力，对培养新时代需求的青年力量尤为重要。

中华优秀传统文化是中华民族的精神命脉，是涵养社会主义核心价值观的重要源泉，也是在世界文化激荡中站稳脚跟的坚实根基。在当代高校思想政治教育工作中，引入传统文化内容，让当代大学生成为传统文化的习得者、捍卫者和践行者，是当代高校思想政治教育工作内涵进一步丰富、形式全面创新的必经之路。

在探讨中国传统文化应该如何融入思想政治教育这一问题之前，我们有必要了解清楚中国传统文化与现代化之间的关系。现代研究表明，中国传统文化和现代文明之间的关系，可以从四个方面分析。

第一，高度的契合性。中国传统文化中，以儒家思想为主导的中国传统教育重视人文道德教育，如何处理个人与他人的关系、明确个人的社会位置、发挥个人在社会发展中的积极作用，是人文教育培养的重点，更是为培养满足社会需求的人才提供了重要的参考标准。其他内容里，适合现代社会发展的也比比皆是，这对我们培养合格的社会发展力量具有重要的意义。

第二，发展的传承性。传统文化的发展，是一直延续至今的。传统文化为构建现代文化体系提供了思想和精神来源。任何一种文化体系的建立，都不是凭空臆想产生的，尤其是在中国这样的大国，文化发展有如此漫长的历史，不可能也不应该进行隔断。要知道中华民族传统文化富有生命力，具有超时空存在的能力和特点，其中优秀的文化内容，在今天依然有非常强的现实意义和作用，所以在今天构建中国特色社会主义文化体系，离不开对传统文化的继承和发展，离不开对传统文化的创新性创造。任何一种民族文化都是在继承前人的基础上不断改进、有所创造的结果。任何人和任何力量也无法割裂新旧文化之间的血肉联系。那种无视传统文化的历史虚无主义的观点显得空阔而不切实际，也根本建构不起来体系化的文化。

第三，必然的冲突性。中国在长期的封建社会中，创造了灿烂的古代文化。但这些文化的产生，与其所在的封建主义社会阶段紧密相连，都不可避免地具有其时代特征和局限，如传统的等级观念与现代平等理念、人治习惯与法治社会、群体至上与个性发展、中庸之道与社会竞争、伦理中心原则与物质利益原则，都在现代文化发展中存在着矛盾和冲突。

第四，可能的转化性。中国传统文化是各民族文化的集中体现，集中了各民族的智慧结晶。它是今日中国文化的起源所在。在中国传统文化中，既存在着可以直接古为今用的思想政治教育资源，也存在着完全不适应当代思想政治教育需求的内容，还存在着必须要经过现代转化才可以发挥作用的思想政治教育资源。因此，我们在对待中国传统文化时，就要本着"取其精华、去其糟粕"，"古为今用、推陈出新"的原则，对中国传统文化中的思想政治教育价值做出理性的分析，择其优者而用之，如自强不息的进取精神、诚信为本的价值观念，可以成为社会发展现代化的内在动力。随着社会的发展和进步，每一个历史阶段对文化的要求有所不同。在建设有中国特色社会主义阶段继承和发扬中华民族传统文化时，首先要考虑现阶段的实际需求，要坚持这种继承和发展能够有利于中国特色社会主义文化的繁荣和发展，能够推动中国文化和整个中国社会的现代化。文化发展离不开继承，无法隔断历史。但是文化发展也不是不加改变地照搬照抄，还是应该基于现实需求进行创新。如何传承文化传统，如何考评其在现代社会实践中发挥积极的作用、作用到什么程度，都是要在传承文化内容时需要考量的。从现实需求出发，不要脱离现实特点继承传统文化，是在使用传统文化内容上首先要考虑的问题。同时我们还要清楚，建设有中国特色社会主义先进文化是目的，因此在文化的传承与发展问题上，还要始终坚持民族特色，确立民族文化的主体性原则。所有的选择、使用、传承和创新，都是为了满足主体的需要。按照这一原则来选择传统文化的传承内容，直观地说就是对中国今天的现代化建设有用、有利的就继承，无用、有害的就不继承。

文化传承不只是一味选择，更多是创新和再创造。文化从来都不是僵化不变的内容。所以我们继承传统文化，就要进行中华民族传统文化的创新。这种创新要从现实需要出发。通过对传统文化中积极的形式和内容的系统转换，寻求其中的理论资源、民族智慧、经验教训，为解决当代的重要社会问题，提供思想方法、历史借鉴，用以补充与丰富现实斗争的智慧和经验。

继承和发展中华民族传统文化，推动其在现代思想政治教育工作中的实际作用，需要坚持以下原则。

第一，坚持批判性原则。批判性原则是指对待文化不应该完全地接受或否定，而应该批判地继承。这也正是我们对待中国传统文化的正确态度。与世界上任何一种文化相同，中国传统文化既存在精华也存在糟粕，中国传统文化中的优秀精华培植了我们的民族精神，而中国传统文化的糟粕也形成了我们的国民劣根性。所以在对传统文化的选用上，既不能直接地完全否定也不能毫无选择地兼收并蓄，而是应采取科学客观的态度，取其精华，去其糟粕。中国的传统文化历经五千多年才逐渐形成，在此过程中经历了复杂多变的历史阶段和现实情况，有些思想意识受到了历史发展阶段的局限，经过了特定阶段后，就不再适用于现代社会。有的思想观念，如男尊女卑、忠君思想已经被证明阻碍社会进步。对于这类观念应该坚决抛弃，明确提出不能纳入高校的思想政治体系当中。因此，在中国传统文化与思想政治教育相融合的过程中，我们应该秉承"取其精华去其糟粕"的批判性原则，对中国传统文化进行理性审视，在吸收、融合其优秀精华的同时，还要对中国传统文化中的糟粕进行认真的批判和清算，以消除其对人们的思想造成的不良影响，使其适用于我国当前的思想政治教育；相反，如果我们照搬中国传统文化而不对其进行理性审视，就可能将其中的糟粕内容也一并带入思想政治教育中，从而对思想政治教育的发展产生阻碍的作用。因此，实现中国传统文化的现代化意义，必须坚持唯物辩证法。在继承和发扬中华民族传统文化问题上，要使用全面的历史的方法，即古今中外法。所谓古今，就是传统文化和现代文明，所谓中外就是中国文化和西方文明。这个方法就是弄清楚所研究的问题发生的一定时间和一定的空间，把问题当作一定历史条件下的过程去研究。在对待传统文化时，要选择性地使用，创造性地融合，创新性地发展，将其变成富有现代特征、体现时代特点、满足现实需求的新时代文化。要注意把传统文化和现代需求相结合，通过吸收传统文化的精髓，通过由此及彼、由表及里、去粗取精、去伪存真的具体分析过程，吸收有益的营养，在批判中继承，在继承中发扬，在发扬中创新，在创新中获得新生。

第二，坚持创新性原则。中华文明之所以历经五千余年而绵延不断，正是由于中国传统文化自身所具有的包容与开拓的自我革新精神，才在与各种外来文化的不断冲突与碰撞中，能借鉴、吸收其精华并将其内化于自身，使中国传统文化不断突破自身缺陷，从而完成自身的发展创新。而近代中国之所以走向衰败也正是由于其闭关锁国的自我封闭，使其不能突破自身缺陷，进而被同时期极富开拓扩张精神的西方文明超越。所以我们现在进行思想政治教育也要吸引其他文化中丰富的思想政治教育资源，才能改变其自中华人民共和国成立以来的重意识形态说教而轻文化教育的缺点，改变其陈旧僵死的内容与模式，不断开拓其发展创新的新视野与新渠道。一种文化的发展无疑是要依靠代代传承。但是仅仅是无变化的传导，中华民族传统文化就只能停留在原有的简陋水平，就无法适应条件不断变化的历史阶段。无数次历史证明，文明的进步、文化的发展，要靠代代传承者不断地创新，要注意吸收不同历史时期的人类智慧，不断完善丰富母体资源，让代代传承的文化日益丰富。尤其是现阶段，中华民族伟大复兴的目标迎来了前所未有的契机，世界多极化、经济全球化的曲折发展，各种思想文化必然相互激荡和相互影响，中华民族传统文化要与中国现代化建设实施对接，在继承的基础上进行创新，要选择其中历经考验的精髓，对不利于国家民族发展的内容要进行清理。创新和继承是统一的整体，是保证传统文化焕发出新生命力的基础，继承不是最终目的，必须实现创新，超出历史的圈子，实现历史的跨越，让优秀的思想有所发展，推陈出新，才能形成服务于现代社会发展的崭新文化。中华民族传统文化博大精深，内容丰富，其中虽然有一些因时代进步和社会发展显示出历史局限性或滞后性，但是其内核是优秀的，只要我们坚持马克思主义的指导思想，坚持与时俱进，能够融入社会主义精神并且能够根据社会主义发展的需要，对其进行科学梳理、现代发展和必要改造，就能找到传统文化与现代文明接轨的契合点，就能把我们的社会主义思想道德与民族优秀传统文化相融合，使之现代化、民族化，更富有新的生命力。

第三，坚持渗透性原则。与强制灌输原则不同，渗透性原则强调了文化对人的熏陶感染，使人们在潜移默化中主动接受新的知识、技能或思想观念等，它有助于发挥受教育者的积极性和主动性。传统文化不是简单的说教，说教容易让受众拒绝接受，在传统文化的具体展现形式上，往往有许多可歌可泣的故事，这些故事可以展示传统道德的意义和价值，可以彰显人性之美、人格之美。通过对这些背景的了解，把学习者带入特定的历史时代，让人感同身受，用这样的方式可以使学生更深刻地体会到传统文化的魅力，触摸到文化背后的情感。同时，我们还可以借助现代网络媒体，进行传统文化内容的深层学习，对围绕某一理念的内容，进行全面的教育教学。在学生的日常生活中，学校可以专门组织学生成立宣传小组，通过教学设施设置板块进行文化普及和宣传，将传统文化传播融入日常生活中，营造一个有趣的活动氛围，吸引学生兴趣。通过开设讲授传统文化的课程，注意优化教学方法，丰富教学资源，采用轻松、有趣的方式将传统文化展示出来。在课程中，教师可以运用互动的形式，分小组进行文化知识讲授。每个小组进行一个小专题，结合当今最热话题进行传统文化的解读。通过教师的精心设计和学生的认真配合，让当代青年真心愿意接受中国传统文化的洗礼。因此，在中国传统文化融入思想政治教育的过程中，就要注重渗透性原则在思想政治教育实践中的运用，让人们在潜移默化中培养良好的思想道德素质。

第四，坚持互补性与互容性原则。长期以来，我国的思想政治教育实践往往过分关注其意识形态功能而忽视其文化功能，这就使得思想政治教育一直偏重于简单空洞的理论说教和意识形态的直接灌输，进而使其人文精神受到蒙蔽。中国传统文化的教育方式则正好弥补了现代思想政治教育模式的不足，二者存在一定的互容性互补性。二者的互容互补，有助于弥补我国现在思想政治教育的一些不足，使其向更好的方式发展，进而增强思想政治教育的实效性。中国传统文化和思想政治教育研究是在诸多学科领域的交叉视野中进行的。我们在研究中一定要融合其他相关学科的研究成果。例如，中国德育史中就蕴含有很多中国传统文化和思想政治教育研究值得借鉴的地方。应当注意的是，这些学科的研究成果也不是拿来就用的，它们的研究视角和思想政治教育研究是有区分的，因为有些研究并没有放在思想政治教育上来思考，在利用这些成果时就应该放在思想政治教育的大环境中来看待，这样才能更符合思想政治教育及中国传统文化的相关需求。因此，借鉴其他学科的研究成果或研究方法必须是适度的、有条件的，不能原封不动地照搬。在中国传统文化的发展历史中，吸收了多民族的优秀文化，对国外先进文化内容也不断借鉴，在这种强大的包容下，才把各种优秀文化、外来文化等整合为中华民族优秀传统文化，从这一点上来看，包容性始终是中国传统文化的重要特点，也是生命力之所在，这就要求我们客观、科学对待外国思想和文化，能够继承这种优良特质，以中华优秀文化为基础，大胆地引进外来文化，以符合中华民族的价值观为标准，使之组成新的中国文化。

任何一种文化，都具有鲜明的时代特征，在不同的时期有不同的内容、不同的形式、不同的展示，要想使中国传统文化发扬出新的生命力，创造出新的成就，就要密切把握时代特征。尤其是要将中国传统文化应用于当代青年的思想政治教育过程中，更需要我们把握传统文化的特质，了解时代发展的需求，达到社会进步的需要，要注意把传统文化和时代精神相结合，在强调时代精神的时候，以发展的眼光和思路，把握传统文化的现代化转变，让传统文化焕发出新的活力。文化是时代的产物，在不同的时期有着不同的诠释。因此，在具体学习时要紧跟时代步伐，将传统文化的教育与时代的精神紧密联为一体，在强调继承精神的同时，更要以发展的眼光来对待，扩大在当今社会形势下的应用。我们需要拿出批判的勇气，坚决抛弃那些陈腐僵化、不合时宜的文化糟粕，深入探索和发掘中国传统文化中的优秀部分，要用发展的眼光，找寻那些具有现代特性，能够发展成为现代文化的部分，这也是传统文化中的精华所在。中华传统文化如何推陈出新，新文化如何更好地创造发展，是人类历史进程中始终面临的艰巨任务和永恒话题。

二、"高、实、严、新"原则

中华民族的发展过程，是各民族不断分散又不断趋于统一的过程，文化的融合也经历了相同的过程。在这个过程中，各民族文化不断碰撞也不断融合，经过漫长而又艰辛的交融，最终形成了经受得住历史考验，得到广大人民认可的核心内容。这个核心，包含了以人为本、厚德载物、热爱家国、自强不息等内容，是融汇各民族智慧于一体的、系统而又丰富的文化体系。这是被中华民族广泛认可的价值观念，也是具有强大生命力的意识形态，它超越了地域、时间、民族的限制，成了真正能体现中华民族集体意识的总体信念。在世代相传中不断补充完善，进而形成中华民族积极健康、昂扬向上的人生理想和价值追求。正因为如此，中国共产党领导人民建立中华人民共和国以后，党的历代领导人都注重传统文化的发扬和学习，注重将传统文化应用于青年人的教育工作上。

百年大计，教育为本。现在的世界竞争越发激烈，各个国家之间的竞争从根本上来说，就是教育的竞争。因此教育是能决定一个国家和民族的未来的，是一个国家的根本。尤其是高等教育，更是成了衡量一个国家发展水平的重要标准。在这种情况下，我们就需要更加重视高等教育，力争把大学生们培养成各方面全面发展的合格人才，使其能够更好地为国家的发展做出自己的贡献。在高等教育中，思想政治教育又是必不可少的环节。对大学生进行思想政治教育，可以提高大学生的道德修养和素质，使他们接近理想人格的标准，使其德才兼备，全面发展。这样的大学生走上工作岗位以后，才能更好地服务于国家和人民，也能确保我国更快更好地向前发展，屹立于世界民族之林。现在社会发展和变革很快，新的时期、新形势下，我们在进行高校思想政治教育时就要坚持"高、实、严、新"的原则。

首先，站位要高，要从借助中华民族优秀传统文化进行思想政治教育的全局高度来看待问题。纵观历史，人类社会的每次进步都首先是由思想的变革带来的，所以说人类的尊严就是思想。思想政治教育有一个重要的功能就是，它向人们灌输正确的思想理念、正确的道德理念，人们接受了这些理念之后，就会运用这些理念来武装自己的头脑，从而指挥自己的实际行动，提高自己改造世界的能力。大学时代，正是人们人生观、价值观形成的关键时期，这个时候进行思想政治教育，更有利于大学生形成良好的人生观和价值观，使他们具有正确的思想理念，正确的道德理念，使他们懂得要积极地报效祖国，才能实现自己的人生抱负。对中国青年进行思想政治教育，是无法离开中华传统文化的，作为当代青年思想政治教育内容的重要来源，中华传统文化里饱含着丰富的精神财富。思想政治教育是以培养人的价值观、社会观、人生观为目的，要引导和帮助青年人树立正确的个人观念。中华优秀传统文化中蕴含着丰富的思想内涵，如儒家的"仁、义、礼、智、信"为代表的伦理观念，道家主张的处理人与自然关系的道法自然思想等，这些思想根植于中华优秀传统文化，潜移默化地影响着社会公众的核心价值观。这些丰富的道德养成准则为现代思想政治教育提供了方法论。进行符合中国国情的思想政治教育，就要深入挖掘和充分依靠中华民族优秀传统文化中的各种思想，将其融入教育工作的方方面面。中华优秀传统文化可以为思想政治教育提供丰富的理论资源。中华民族的思想文化体系丰富多彩，蕴含着多种多样的思想理念，可以为思想政治教育开展，提供多元化选择。中华优秀传统文化中的古典哲学理论为思想政治教育提供了形而上的方法指导，能够明确思想政治教育的发展方向和途径；传统文化中"修身齐家治国平天下"[①]等精神追求，成为思想政治教育的重要价值核心，凝聚了中国人道德追求和个人发展的总体准则。这些凝聚

---

① （汉）戴圣编；中华文化讲堂译. 礼记[M]. 北京：团结出版社，2017.

了古代先贤个人精神追求和崇高的社会理想的智慧结晶，成了现代思想政治教育的价值导向。借助中国传统优秀文化进行思想政治教育，是对中华优秀传统文化传承与创新的具体体现，从中华优秀传统文化中挖掘优秀思想教育资源，找寻合理思想政治教育方法，实现古今通用，就是对传统文化的再创造，就是对传统文化现代化的具体实践。

其次，内容要做实，思想政治教育要真正体现中华传统文化的内容，要真正实践传统文化的内容。思想政治教育包含有多个方面的内容。例如，爱国主义、集体主义、道德修养、人生抱负。因此，思想政治教育在内容体系上就要全面，要有体系，也要合理，要把这个"实"的功夫做足。高校要尽可能地搭建一个实际有效的思想政治理论课程体系，在这样的体系下，大学生才能获得对自己有益的内容，也才能终身受益。将中华传统文化引入当代青年的思想政治教育，并实现其延续性，需要采用多种学习方法与形式。文化的学习是一个由虚而实的过程，它不是有具体可把握的对象来掌控，更多的是思想、信念、意识方面的改变。所以学习和习用传统文化内容，很容易流于形式，浮于表面。穿几次汉服，写几笔毛笔字，读几本古籍，当然是学习传统文化的形式，但能否起到真正的作用，实现有益的效果，应该从更深层面予以体现。优秀传统文化发生作用，应该深入到人的思想层面，体现在人的行动层面。这对思想政治教育工作者提出了新的要求。要实现传统文化与现代教育的结合，需要从实际开始，从发挥实际效果开始，从实践活动开始。就高校而言，可以将优秀传统文化内容列为高等教育课程体系内容，进入必备教学体系，以中华民族传统文化的传导为主，开设相关的必修课及选修课，要注重优秀师资的选配，整合相关资源，大力提升教学效果。传统文化流传至今，有以传世典籍等方式保留下来的诸多经典著作和文字资料，也有以实物方式保留下来的文物，包括古建筑、遗址、金属、陶瓷和书画等。文字资料比较抽象枯燥，文物遗存形象生动。

在传统文化教学中，以文字资料学习为基础，同时以形象具体的物质文化作为辅助，激发学生的学习兴趣是有实际意义的选择。同时，还可以聘请国内相关专家学者、文化名家、博物馆研究员等作为学校传统文化教育兼职教师，开展中华优秀传统文化理论与实践问题研究。传统的课堂教学是传统文化必不可少的形式，但更重要的还是在社会实践中体验。传统文化的哪些内容能为我所用，也就是哪些内容能作为传承的主题，要看其在实践中发挥的作用来确定，所以传统文化的学习，要在实践活动中进行。只有在实践中，才能发现哪些是无关现实的内容，哪些是与现实脱节、并无可取之处的，然后才能达到存有用去无用、存精去粗的实际效果。所以在传统文化的学习问题上，我们必须要把握实践活动的作用，确保传统文化为我所用、为现实所用。对其有积极意义和作用的部分，要择取，要继承，要创新，要发展。比如可以组建传统文化主题的社会实践团队，为大学生参与优秀传统文化教育实践活动搭建新的平台，组织大学生通过社会活动、志愿服务、公益行为等，增强中华优秀传统文化认同和文化自信，将学习落实在实践活动中，将认知体现在具体行为里，将感受凝聚在亲身体会中。在建设有中国特色社会主义文化的大背景下，就要对国家、民族发展有益的内容进行选取，有用、有利的就继承，无用、有害的就不继承。要从现实需要出发，对传统文化中积极的部分进行现代性转变，为解决当代的重要社会问题，提供思想方法，让其焕发出新的生命力。这就要求我们通过实践活动、通过国家民族建设行为，把经过马克思主义科学理论洗礼的优秀传统文化，作为社会主义先进文化的重要组成部分，变成国人的价值观念和思想意识。

再次，在高校思想政治课程中，一定要对大学生们严要求。随着时代的发展，市场经济影响思维方式，很多优秀的思想品德在日常生活中逐渐被人们忽视甚至淡忘，在西方世界有意输出思想理念的情况下，部分当代青年人深受其害，更多地体现出我行我素、及时行乐的行为特征。面对这种思想危机，思想政治教育必须发挥其应有的作用。对广大的青少年进行思想上的教育，帮助他们建立起文化上的自信，并且坚定他们的理想信念，使得他们的思想能够回归中华民族传统理念范畴，认识并辨析中西方文化存在的差异。在这个过程中，思想政治教育课程，教师是施教者，大学生们是受教育者，应该通过严格教育形式，确保达到教育预期。可以说，大学生们能够多大程度地接受思想政治教育的内容和思想，很大程度上取决于施教者有没有严格要求大学生。博大精深的中华优秀传统文化是我们在世界文化激荡中站稳脚跟的根基，积淀着中华民族深层次的人文精神，是富有中华民族精神特质的宝贵财富，是中华民族代代不息、始终前行的精神动力，是千百万炎黄子孙最珍视的重要遗产。不忘过去才能开辟未来，不忘初心才能始终前行。所以在学习中国传统文化的过程中，要让每一个学习者对这一过程的重要意义有高度严肃的认识，有高度严格的自律，有高度投入的自觉。深入挖掘和阐发中华优秀传统文化讲仁爱、重民本、守诚信、崇正义、尚和合、求大同的时代价值，使中华优秀传统文化成为社会主义核心价值观的重要源泉。因此，在思想政治教育的每一个环节，都要严格要求。作为施教者的教师，也要严格要求自己，要有教育好思想政治的责任意识，自己的思想意识做足了，思想政治教育也就能取得相应的成效。同时，对于思想政治教育的课程设计也要有一套严格的标准，绝不能马虎了事，要想办法把理论灌输和实践行动结合起来，找到让大学生易于接受和理解的方式，这样才能真正地达到思想政治教育"立德树人"的根本目的。

最后，高校思想政治教育需要一些新的举措。高校思想政治教育，绝不能原地不动，保守僵化。这个时代每天都处在不断的变革之中。例如，现在的"互联网＋""微时代"等理念，已经对教育体系产生了深远的影响。高校思想政治教育也应该做到与时俱进，随着时代的变化进行创新。同样的一件事，如果还是按照同样的习惯性思维去做，是肯定不会有改变的。但如果能转换思维，从社会的变化中找到一些新的点子，用不同的方式去开拓，就会有不同的结果。所以，我们平时在思想政治教育的工作中要注重创新，不要过于死板，要懂得不停地变换思考的角度，去设计教学方法、教学体系。同时可以通过加强校园文化氛围的营造，起到潜移默化的教育作用，比如设置专题宣传栏，尤其是网络宣传网站等，定期推送相关知识。充分利用学校的网络、广播、社交平台进行中华传统文化的宣传，可以通过校内网发布传统文化宣传的相关报道，通过学校官方网络媒体进行传统文化学习的推送。充分调动学校相关团体的力量，可以通过团委和学生会举办相关活动。例如，诗词会、朗诵会、故事会，提高传统文化普及度，还可以建立相关社团，如戏曲社、汉学社，丰富传统文化传播渠道。

不管是历史发展的角度，还是现实需求的层面，中华优秀传统文化都是不可忽视的思想政治教育资源，其关键的作用不容小觑。在经济全球化的大发展时代，面对中华民族伟大复兴的重任，当前的思政教育必须置于中国传统文化的背景下，通过多种渠道加强传统文化与思政教育的深度融合，利用优秀传统文化的感染力和影响力，不断提高当代青年的思想道德修养。

第四章 融合发展视阈下传统文化与思想政治教育融合发展的价值分析

本章主要从融合发展视阈下传统文化的思想政治教育价值的内涵、特点以及结构三个方面，对融合发展视阈下传统文化与思想政治教育融合发展的价值分析进行阐述。

第一节 融合发展视阈下传统文化的思想政治教育价值内涵

在高校思想政治教育中，融合中国传统文化是时代使然，是国家和社会的发展使然。高校思想政治教育融合中国传统文化，对于大学生有着极大的好处，可以提高和改变他们的精神风貌，使之成为一个正确的人、有用的人。

价值在哲学范畴中，说的是人们用其来理解和把握世界和自己的一种特有的哲学思维方式、理论视野和解释原则，体现的是对客观世界对人的成长作用的探求。价值是来源于实践中的人们对主客体关系形成的认识，体现的是客体的特性、作用以及在发展变化中需要双方适应的状况。任何价值都有一个关系范畴，高校思想政治教育也不例外，高校思想政治教育的功能和属性，就是要满足大学生全面发展和社会进步的需要。在如何理解思想政治教育价值内涵上，有两种观点。

一种理解是思想政治教育活动本身所具有的价值，也就是在个体的成长发展过程中，思想政治教育活动是如何满足其发展需求，并且发挥出积极的主导作用的。也就是思想政治教育工作对个人的意义和作用。这是思想政治工作的现实意义，其存在就是要发挥这一价值的。

第二种理解指的是思想政治教育与经济价值、文化价值一样，是一种价值的存在。价值有着非常广泛的含义，指的是一方对另一方的满足关系，只要存在这种满足，那么前者就是有意义的、有价值的。这里把思想政治教育的价值纳入整体价值观念，说明它是具有这种满足关系的，是进行教育的主体方对接受教育的客体方需求的满足。换言之，一个人成长过程中，想要满足社会需求，达到现实对个体水平能力的认可，成为在社会发展存在中有意义有作用的人，就需要接受相应的教育，以便来适应社会要求。作为我们现行政治体制下的中国特色社会主义建设发展要求，就需要客体接受思想政治教育，来确定和明确个人政治立场，来融入现行政治体制。从这个角度来讲，思想政治教育工作是存在满足意义的，所以是有价值的。

与其他经济价值、文化价值不同的是，思想政治教育的价值具有特殊性。这种价值主要特点就是它满足的是人们对于思想政治教育的需求。这种价值的参与主体是思想政治教育工作范畴里的所有人，包括组织开展思政教育的人，如班主任、党务工作者、辅导员等，和接受思想政治教育的人，如大学生等。从前者来看，又可以根据层次分为集体与个体，集体就是国家、社会层面的，来设定思想政治教育工作要求，希望通过这种教育活动，为自己提供合适的人才以供使用，达到自己的某种需要，比如维持集体的稳定、运转或者找寻主持集体的接班人等；个体就是思政教师的层面，既是教育活动的开展者，也是组织教育的实施者。作为思政教育客体来说，需要接受教育来提升自我思想道德素养，满足工作岗位需求。除了主客体双方，其他能够对人的思想政治教育产生积极影响的因素，都可以作为客体存在。这种存在是各种形式的，比如先进的科学理论可以武装人们的头脑，可以提升个人的境界，可以增强解决实际问题的能力。这就是有益的思政教育客体。有的还间接发挥作用，比如和谐的校园环境、良好的人际关系、有序的学习秩序等等，都是可以间接对思政教育发挥作用的。

思想政治教育是一种特殊的文化活动，所以它也具有文化价值。我们知道，只有具有价值，文化才有存在的可能性，这是因为价值是文化性质和作用的体现，是其存在合理的依据。我们常说"文化化人"，就是要用文化自身带有的价值观念来影响人们的思想意识，提升个人精神境界，塑造出比较完满的人格。在中国历史上，已经不同形式地存在着思想政治教育，不过是在不同阶段，有不同的称呼。思想政治教育是用教育的形式，对特定的文化成果进行传承和发扬，实现"文化化人"的目的。所谓思想政治教育，是指某个组织按照人们品德发展的规律，用特定的意识形态、思维方式、思想内容对其施加有目的有计划的影响，促使其养成既定的品德形态。本质上来说肯定是某个阶级运用自身价值观念影响成员，使成员的思想观念和行为规范符合阶级发展的要求。教育活动必须是有效的，否则就失去了教育的意义，它应该能为某个层面的集体培养其所需要的人才。从这个目标上来说，它决定了"文化化人"的广度和深度。思想政治教育活动规律与文化运行规律有共通之处。前者是以教育为手段，选取含有阶级价值观念的文化进行传播，推动其发展成为社会主流思想，进而用这样的思想引导人们树立正确的人生观、世界观和价值观。从这个层面上来说，思想政治教育是一项特殊的文化实践活动。

将中国传统文化转化为现代高校思想政治教育的内容，并在其中发挥重要的作用，有助于推动思想政治教育创新体系发展。二者集合以后，思政教育的价值可以高度概括为，发挥传统文化在人们塑造品德、完善心理、提升境界、追求超越方面的积极作用。这种结合能够满足人们的精神需要，对于思想政治教育学科也有积极的意义。中国传统文化中有很多积极的思想，如崇德尚仁、进取包容、以人为本，对于我们的个人修养、个人素质的提升都有很大的作用，将其融入高校思想政治教育有助于新时代的人的全面素质的提升和社会的和谐发展。

应对来自国内外的多元化价值观念的冲击，需要发扬中国传统文化。中华民族延续千年，文化发展始终延绵不断，已经充分证明了传统文化顽强的生命力。进入新世纪以来，经济全球化发展日益迅速，在这种大背景的影响下，世界各国不仅在经济方面的联系更加紧密，在政治、文化等方面的往来也分外密切。这种情况下，经济输出往往附带着文化和观念的输出，发展中国家在获得经济利益的时候，往往也会面临文化挑战。出于各种目的，发达国家利用经济交往渠道，不断地输出自己的价值观、文化观等，让对方尤其是青年人在意识形态建设上收到各种纷杂的信息。这种多元文化价值观的传播给当代青年人的思想发展带来了极大的冲击和影响。习近平总书记 2014 年 2 月在中共中央政治局第十三次集体学习时讲道："牢固的核心价值观都有其固有的根本。抛弃传统、丢掉根本，就等于割断了自己的精神命脉。博大精深的中华优秀传统文化是我们在世界文化激荡中站稳脚跟的根基。"可见，他已经深刻意识到这个问题，并将之提升到了影响国家和民族发展的高度上来重视。从这个意义上来说，大力弘扬中华民族优秀传统文化，用优秀的思想观念帮助大学生树立正确的思想观念和价值观，有助于提高应对多元价值观冲击的能力。

践行社会主义核心价值观，需要发扬中国传统文化。国家历史发展的历程不同，其所拥有的自然条件不同，经历的历史变化不同，由此产生的价值观念也有所不同。作为价值观念来说，不管其有何种特色，必须要同这个国家和民族的历史文化相契合。人类历史的发展过程表明，对一个民族或国家来说，核心价值观应该是其共同认可，并具有最大力量的价值观念，应该是民族和国家全体成员共同的精神追求和行为准则。"富强、民主、文明、和谐，自由、平等、公正、法治，爱国、敬业、诚信、友善"传承着中国优秀传统文化的基因，寄托着近代以来中国人民上下求索，历经千辛万苦确立的理想和信念，也承载着我们每个人的美好愿景。我们要在全社会牢固树立社会主义核心价值观。全体人民一起努力，通过持之以恒的奋斗，把国家建设得更加富强、更加民主、更加文明、更加和谐、更加美丽，让中华民族以更加自信、更加自强的姿态屹立于世界民族之林。社会主义核心价值观是中国共产党人深刻把握国家发展需求、民族发展需要和现阶段建设特点凝结而成的，高度概括了国家的价值目标、社会的价值取向和公民的价值准则。它把国家、社会、个体等不同层面的价值要求融为一体，充分展现了社会主义国家的本质要求，也是对中华民族传统文化优秀核心精神的概括。所以，学习中华优秀传统文化，有助于增加当代大学生对社会主义核心价值观的理解和认同，并能将之贯彻到个人行为上积极践行。

继承和弘扬中华优秀传统文化需要开展中国传统文化教育。中华民族曾经创造出享誉世界的灿烂文明，这种文明一度引领世界发展方向。但随着历史进程发展，青年一代对传统文化的埋解大为减少，对其内容了解不多，对其意义休会不深。尤其是现代信息技术发达，传统纸媒已经不再是主流媒体，新型的电子化阅读方式已经成为青年人阅读生活的主要形式，而且提供了更加丰富的休闲娱乐方式。所以，越来越多的年轻人把关注点集中在电子阅读、网上冲浪、微博、微信等新兴媒体上。举个最简单的例子，青年人更热衷于观看国外电视剧、电影，对国产剧不感兴趣。这虽然和国产剧制作质量不高有很大关系，但是也体现出当代青年人与传统文化接触渠道不畅通的情况，只能零散甚至片面地接触传统文化。

有关调查数据表明，现代大学生阅读过传统四大名著的都已经非常少了。而且所谓接触过的还往往通过电影电视而不是阅读获得。与之相对的则是，很多大学生熟知国外节假日及相关风俗，每到相关节日，必要庆祝一番。对中国传统节日则毫无感觉，甚至完全不了解传统节日的历史发展及文化意义。面对这种情况，就必须要通过多种途径，让更多大学生了解传统文化，学习传统文化，热爱传统文化，继承和弘扬中华优秀传统文化。

增强大学生思想政治教育的育人功能需要发扬中国传统文化。在中华民族传统文化中，探究物质生活和精神生活的关系，并做出相应的行为转换方面的内容。人有道德并具有高尚的精神追求，这种独特的认知，决定了先贤们的价值取向和行为习惯。在古人看来"不义而富且贵，于我如浮云""一箪食，一瓢饮，在陋巷，人不堪其忧，回也不改其乐"①，都是高尚的精神追求。因为有了这种无私个人、心怀天下的理想主义情怀，无数志士仁人奋发图强，积极进取，在追求道义和理想的道路上上下求索。优秀传统文化的精髓内容还体现在对个人道德修养的重视上，中国古人重视人的道德品质的养成，并且重视道德教化的作用。教化的作用就是让受众能够理解和接受伦理观念，达到上下和谐的境界。传统文化精髓还表现为重视人生境界和理想人格。人的境界有不同的等级，我们要不断追求更高层次，推崇理想人格，把君子、圣人作为自己的理想人格，要通过自我的不断修为，提升自己的境界，以达到理想境界。

我国高等教育是为了培养具有独立人格、崇高理想、坚定信念的社会主义事业建设者和接班人，为民族崛起和国家发展注入新的动力。为了实现这样的目标，就要从博大精深的优秀传统文化中汲取智慧，重视培养德才兼备的人才。古人追求的理想境界和道德品格，与现代高校思想政治教育工作不谋而合，能够成为高校思想政治教育资源的重要来源。

第二节　融合发展视阈下传统文化的思想政治教育价值特点

特点是一个事物内在的属性，不同的特点使一个事物能和其他事物区分开来。如果能够认识到一个事物的特点，我们就可以更好地认识这个事物。因此对于中

---

① （春秋）孔丘著；吴兆基译．论语 [M]．成都：四川天地出版社，2020．

国传统文化的思想政治教育价值，我们也应该找到它的特点所在，从而能够将中国传统文化更好地融入高校思想政治教育中来。

一、永恒性和历史性

中国的传统文化思想政治教育具有永恒性，在五千年的历史长河中，它一直是中华民族的精神食粮，过去如此，未来也是如此。中国传统文化思想政治教育的这种永恒性是建立在中国传统文化的特质之上的。看一看历史就知道，几千年来中国传统文化一直未曾中断，并在世界各地得到了广泛的传播，被各国普遍接受，奉为指导思想。有些东亚的国家，如日本和韩国，国内的汉学氛围很浓烈。在欧洲，汉学也备受推崇。伏尔泰称中国文化中的"己所不欲，勿施于人"①为黄金法则。中国传统文化具有永恒性，体现在它能超越时间、空间、民族、种族和语言的限制。纵观全球，在历史的发展中，很多国家、文化、语言、文字湮没在岁月的长河里，但中国的文明却一直延续至今。这些事实有力地证明了，中国传统文化有着强大生命力，是具有永恒性特点的文化。

中国的传统文化思想政治教育又是有历史性的。在不同的历史时期，因为人们需求的不同，它都呈现出不同的特质，从而以各种形式来满足人们的精神需求。例如，在古代，没有马克思主义的指引，人们利用的是中国传统文化的内驱力，而在马克思主义传入中国以后，它又和马克思主义完美地结合了起来，二者相互促进，共同发展，都具有了相对永恒的生命力。任何一个事物的存在，都不是一成不变的，都要有一个不断发展完善、不断改进提升的过程。中国传统文化也是如此，自它诞生之日起，就体现出强大的包容性和开放性。这就要求我们在发扬传统文化的时候，要把握文化的时代特征，要重视文化的阶段特性，要把握文化与时俱进的特点。在现阶段，就要用新的时代价值标准来审视传统文化，挖掘具有时代意义的价值内涵和精神资源。中华民族传统文化具有历史性和永恒性，这二者是相互统一的。永恒性蕴含于历史性之中，通过历史性表现出来。因为每一个时代的文化特征都不同，在教育中发挥的作用也不尽相同，但是每个时代相同的是文化都发挥了"文化化人"的作用，都能在提升人们的思想道德修养，培养人们的奋斗精神、爱国精神等方面发挥重要的作用。历史性也有赖于永恒性，没

---

① （春秋）孔丘著；吴兆基译. 论语[M]. 成都：四川天地出版社，2020.

有永恒性作为基础，传统文化就不可能持续在历史上发挥作用。

二、融合性和凝聚性

多元化也是中国传统文化的一个主要特征。纵观中国历史，可以发现，中国文化是兼具多种形式的文化，早期有百家争鸣，后来出现了儒释道并存，几种派系并没有割裂开来，而是三教合一，逐渐地融合在了中华文化这个大系统中，这就决定了中华文化有着较强融合性的特点。不仅如此，中华文化还具有较强的凝聚性。中国地域广阔，民族众多，各个民族在历史上经历了几次大的融合，各民族、各地域在这种融合和凝聚中逐渐形成了以汉民族为主体，以中原文化为核心的文化氛围，形成同一性和多样性并行不悖的发展态势。

中国传统文化在发展过程中，不是分散和凌乱的，而是有着强大的融合性和凝聚性，各种文化汇集在一起，凝聚成了中华民族特有的精神文化。正是因为有这种融合和凝聚的特质，中国传统文化才能够绵延不绝、生生不息。

三、民族性和世界性

在这个世界上，任何一个国家或民族都有自己的文化，这些文化并不是统一的，而是互相有所区分的，每个国家和民族的文化都有和其他国家或民族的文化相区分的特征。中国传统文化也显示出鲜明的中华民族的特质。但是，中华文化又具有世界性。国家和民族的发展不是单独存在的，一定是在世界范围内不断的交往过程中发展的，在这个交往的过程中，文化也会在融合中发展，会吸收外来的优秀文化，完善自己固有的文化体系。在长期的发展中，各国文化就成了一个统一体的全球文化。

中国文化的基础是民族性，但总体上又有世界性。在发展的过程中，中国的优秀文化也在向外输出。例如，现在我国有很多的非物质文化遗产，得到了很多国家人民的喜爱，被广泛地传播开来。有些传承下来的名言警句和文化典籍，也成了世界上人民的行动准则和参阅经典。中华传统文化中蕴含着无与伦比的伟大力量，这就是中华民族的文化力量。

四、客观性和主观性

如果一个社会的思想政治教育得到了满足，这个社会就会出现和谐的局面。反之，如果一个社会的思想政治教育得不到满足，那这个社会就会变得混乱，出现道德失范等后果。中国传统文化作为中国传统文化思想政治教育的客体，它是一种客观存在，它不仅存在于流传下来的典籍中，也存在于广大中华人民精神里，还存在于社会的古迹和艺术表现形式里，它的影响是客观的，它对于思想政治教育这个主体的满足也是客观的。人们可以通过对优秀传统文化的吸收，来改变自己的精神风貌，提升自己的道德修养。

同时，中国的传统文化思想政治教育又是有主体性的。它直接与思想政治教育这个主体的特点联系，反映主体的内容。正是因为思想政治教育的现实需要，传统文化才必须要融入教育过程。思想政治教育的发展也决定了作为客体的中国传统文化也要发展，两者相辅相成。

第三节 融合发展视阈下传统文化的思想政治教育价值结构

中国传统文化思想政治教育价值的结构，可以从两个方面来呈现，即它的内容结构和形态结构。

一、内容结构

高校思想政治教育是从历史中传承下来的，它首先是继承传统，把优秀的传统发扬光大。在中国共产党的发展历程中，因为对思想政治教育的重视，高校在思想政治教育方面，已经有了非常丰富的工作经验，教育工作也具备了深厚的内涵。从现阶段的情况来看，吸收优秀传统文化内容到思想政治教育中，已经成了必然的趋势和必需的选择。这不仅是时代发展的要求，更是我国思政教育特色所决定的。做好高校思想政治工作，要因事而化、因时而进、因势而新。要遵循思想政治工作规律，遵循教书育人规律，遵循学生成长规律，不断提高工作能力和水平。要用好课堂教学这个主渠道，思想政治理论课要坚持在改进中加强，提升思想政治教育亲和力和针对性，满足学生成长发展需求和期待，其他各门课都要守好一段渠、种好责任田，使各类课程与思想政治理论课同向同行，形成协同效应。要加快构建中国特色哲学社会科学学科体系和教材体系，推出更多高水平教材，创新学术话语体系，建立科学权威、公开透明的哲学社会科学成果评价体系，努力构建全方位、全领域、全要素的哲学社会科学体系。要更加注重以文化人、以文育人，广泛开展文明校园创建，开展形式多样、健康向上、格调高雅的校园文化活动，广泛开展各类社会实践。要运用新媒体新技术使工作活起来，推动思想政治工作传统优势同信息技术高度融合，增强时代感和吸引力。高校思想政治教育是一个科学的发展体系，要让大学生成为一个全面发展的人才，不只有知识，还要有理想、有道德、有纪律，做人、做事全面发展，这是高校思想政治教育的根本任务，也是高校思想政治教育的主要内容。

（一）道德教育价值是基础

思想政治教育的基础是道德教育。在社会和个体中，道德是最基本的发展需要。一个社会、一个个体没有道德是不可能长久存于世上的。因为社会、个体有对于道德的需要，因此也就产生了道德教育。在思想政治教育中，道德教育最为基本，中国传统文化中有很多道德层面的内容，这些内容对于任何时期的人来说都有很好的教育价值，中华民族的优良道德传统，对于中国社会道德风尚的形成，对中华民族的团结、和谐发展，发生过并正在发生着非常重要的作用。

（二）思想教育价值和政治教育价值是主导

思想政治教育中作为主导的是思想教育和政治教育。思想教育可以帮助大学生确立正确的思想路线，政治教育可以帮助大学生确立正确的政治路线和政治信仰。思想政治教育就是思想教育和政治教育的综合，它能决定我们的思想和政治路线，防止走偏。中国传统文化博大精深，学习和掌握其中的各种思想精华，对树立正确的世界观、人生观、价值观很有益处。

（三）心理教育价值和创新教育价值是拓展

思想政治教育拓展开来，表现的就是它的心理教育价值和创新教育价值。在社会中，一个人有好的道德和思想，可以说他很不错，但不能说明他很优秀，也不一定能承担起建设社会主义的重任。要达到承担起建立社会主义重任的目的，就要求他有过硬的心理素质，能够努力进取、全方位地发展自己。这是一个全民创新的时代，国家也迫切需要有创新精神的大学生。人民有没有创新力，关系到一个国家的发展，也关系到人类的未来。创新是对传统做大胆的扬弃，重在创意、创建和创立。创新需要科学与人文的价值导向：求真、向善。求真，即贴近现实，追求真理；向善，即符合完美的人性，追求人类的终极关怀，体现符合多数人意向的道德情感，它是一种价值承诺，是教育信念确立的基础和前提。中国传统文化具有创新性。

现在这个社会，人们在物质和精神文明中都有了巨大的进步，尤其是物质的丰富是以前任何时候的人们都不敢想象的。但与此同时，社会上也出现了一些道德问题，有很多人崇尚奢华，不懂节俭，有的人有很强的个人主义，有的人不讲诚信，有的人做企业为了追求利益，不顾污染环境，这些问题已经严重影响到了社会的健康发展。要从根本上解决这些问题，就需要纠正人们的思想意识，用中国传统文化中积极的力量，使人们认识到道德问题的危害。从这个层面上来讲，开发利用传统文化资源无疑是十分必要的。

价值结构与需要的结构是一致的。有什么需要就会产生什么样的价值。价值的产生和发展是从主体的需求出发的，需求结构决定价值结构的形态。人们对于思想政治教育的需求，在人们的需求结构中所处的层次较高，它是一种精神需要和自我实现的需要。而人们的思想政治素质是多方面的，既包括有思想素质、政治素质，也包含有道德素质、心理素质、创新素质等等。要提高人们的思想政治素质，也就产生了对应以上素质的需要。每一个主体都需要道德素质，因此可以把道德素质看成是基础需要。而其他的思想素质、政治素质虽然也是每个主体所需要的，但是它们体现了思想政治教育需要不同于德育需要、智育需要等其他需要的本质区别，因而称之为主导性需要。而心理和创新素质并不是每个主体的需要，因此从需要结构上来说，它们是一种发展性的需要。

二、形态结构

（一）现实价值和理想价值

从条件和依据上，可以将中国传统文化价值划分为现实价值和理想价值。现实价值是已经实现了的教育价值，是一种实然的状态。理想价值是一种还有待于人们去实现的价值，是一种应然的状态。理想价值和现实价值是相辅相成的，前者是后者的基础，后者则是前者的方向。理想价值的设置如果是科学的，就会有很大的实现的机会，从而转化为现实价值。

（二）正面价值和负面价值

从性质作用上，可以将中国传统文化价值划分为负面价值和正面价值。负面价值就是中国传统文化中那些不合时宜的东西，不符合当代社会生活、学习背景的，一些糟粕的东西。对于中国传统文化的负面价值，近代以来有着太多研究，已经很好区分，而且随着时代的发展，传统文化中的许多落后成分自然而然地消失了，所以我们在这里没有必要再提。

正面价值则是传统文化中那些积极的东西，在现在和将来仍能发挥巨大作用的部分，中国传统文化中有很多正面价值，这些价值对于提高大学生的思想政治素质和思想品德修养，有着非常重要的作用，这些正面价值都是融入高校思想政治教育中的重要组成部分。我们的研究也是要挖掘传统文化中的这些正面价值，并将其继承和发展起来，大力弘扬优秀的传统文化，这是时代发展的要求，也是历史的要求。

（三）直接价值和间接价值

从显现的效果上，可以将中国传统文化价值划分为直接价值和间接价值。直接价值是指那些能够直接看到结果的价值。中国传统文化，有很多精神层面的东西自然地植根于我们的思想意识和精神风貌中，自然而然地影响着我们的言行，这就是直接价值在起作用。例如，爱国主义，就可以让我们自主地迸发出爱国热情。间接价值则是指中国传统文化能够通过激发人们的精神，调动起人们参与社会主义建设的热情，推动科技和社会的进步。

（四）绝对价值和相对价值

从评价上，可以将中国传统文化价值划分为绝对价值和相对价值。绝对价值就是指中国传统文化价值的终极实现，具有永恒性、普遍性、客观性；相对价值是指中国传统文化价值的相对性、主观性、时代性。这两种价值是辩证统一、相辅相成的。

（五）个体价值和社会价值

从主体上，可以将中国传统文化价值划分为个体价值和社会价值。个体价值，是中国传统文化能够实现个体精神方面的需要，有助于促进个体精神风貌和道德修养的提高，社会价值是中国传统文化能够促进社会的发展，在经济、政治、生态等各个方面都能发挥重要作用。

第五章　融合发展视阈下传统文化与思想政治教育的现状分析

本章是融合发展视阈下传统文化与思想政治教育的现状分析，分别从融合发展视阈下传统文化与思想政治教育的现状、存在的问题以及问题原因分析，三个方面阐述。

第一节　融合发展视阈下传统文化与思想政治教育的现状

一、各大高校关于融合发展所做的努力

高校在思想政治理论教育方面，在教学内容中加入传统文化元素，这一举措是一种创新。欧阳中石、冯骥才等社会文化界的大师，几十年来一直宣扬传统文化的意义，通过撰写文章、办传统文化讲座宣扬传统文化。

为了更好地将传统文化渗透于高校思想政治教育之中，各界开展了国学月活动，并且在该活动期间，播放了以传统文化为主题的电视系列片，使传统文化知识充满趣味性，激发了高校学生对传统文化的兴趣，并且在此之中接受教育。

自十八大以来，实现中华民族伟大复兴的中国梦成了每一个中国人的梦想，无论从事什么样的职业，大家都为中国的强盛而自豪。一个强大的国家，必然是文化强国。高校作为社会文化传播的前沿阵地首当其冲。中华优秀传统文化作为中华民族的"根"和"魂"，被越来越多的人认识到其在精神文明建设中的重要作用。思想政治教育作为意识形态建设的一部分，其和中华传统文化的融合已经是大势所趋。

（一）复旦大学通识教育

通识教育作为教育之中的一个类别，它的存在与中国传统文化教育是不可分割的。复旦大学作为一所具有深厚文化底蕴的高校，在通识教育和传统文化教育的发展贡献了力量。

由于中国传统文化本就包含着爱国爱民、道德立身的思想，以传统文化教育为桥梁，可以加深爱国主义教育和道德教育等方面的关系，协同发展，使学生成为优秀的接班人。传统文化为复旦大学开展通识教育提供了依据，由此建立了复旦学院，并且还成立了通识教育研究中心，使高校学生获得了多维度教育。

（二）湖南大学文化教育传统

湖南大学起源于岳麓书院，是一所拥有悠久历史的高校，在传统文化教育方面，具有得天独厚的优势。湖南大学将传统文化传承放在了首要位置，表现在学生入校第一步就是了解岳麓书院所具有的文化底蕴，学校还开设了中国传统文化与岳麓书院这一门课程，全校学生均要进行研习。

另外，学校还通过传统上墙的办法，做到了将传统文化进行固化，做到将传统文化渗透到师生生活学习之中。湖南大学没有强硬地灌输大师风范和赤子情怀，采用的是潜移默化的方式。

（三）武汉大学特色文化教育道路

武汉大学将中华优秀传统文化教育作为立足点，在不断地进行高校学生思想政治教育探索与发展过程中，逐渐摸索出一条富有特色的道路。首先，依托于组织规划、活动管理等，为关于传统文化学生社团建设在多个层面上提供支持，为文化传统教育提供了有力保障。

武汉大学在深厚人文底蕴的基础之上，采用多种多样的现代教育模式，进行专项策划、科学引导，从而使传统文化逐步迈向精品化、品牌化。经过不断努力，武汉大学传统文化类社团得到了充分的发展，诸如樱花笔会、红楼论坛等活动，犹如雨后春笋一般成长，取得了一定的知名度、美誉度，并且作为品牌活动项目，还取得了良好的教育效果扩大了影响力广度。

（四）河北师范大学文化传承活动

河北师范大学多年以来持续不断地开展传统文化传承活动，诸如"风雅之声"等大型古典诗文诵读活动。参加活动的学生可以从"四书五经"等书籍中选取诵读内容，可以是名言警句，可以是先秦散文，也可以是唐诗宋词元曲等名作。学生通过读、诵、吟、赏，充分地体会中华民族数千年传承下来的文化底蕴。

为了加强传统文化的传承，河北师范大学从两个角度作为出发点，一方面，保护地方非物质文化遗产；另一方面，提高学生的文化艺术修养，并成立了文化采风小分队。学生利用暑假期间分别前往不同的具有传统文化传承的地区，针对民间艺术进行学习。通过不断的努力取得了丰硕的成果，河北师范大学部分师生已经掌握了多种民间艺术形式，诸如井陉拉花、常山战鼓等等。

（五）东北师范大学文化传统课程设置

东北师范大学为使传统文化深入课堂，首先，开设了一系列选修课程，如国学概论等。其次，为了保证教学质量，以及提升传统文化，定期或不定期进行考试、考察、社会实践等。最后，以东北师范大学文学院为中心，开展了经典阅读计划，并且取得了不错的反响。

（六）其他院校系列文化活动

许多高校为了促进思想政治教育和中华传统文化方面的融合，积极开展了一系列活动。例如，礼敬中华优秀传统文化系列活动，虽然取得了一定的成就，但就整个中国高校在两者融合的现状上来讲，两者的融合度不高。在未来还需要对两方面的融合模式不断探索，这是教育者和相关理论工作者义不容辞的责任。

二、传统文化在高校学生思想教育中的断裂与缺失现状

中国传统文化历史悠久，博大精深，对于中华民族来说，它既是精神纽带，又是一种心理支撑和发展动力。但是目前传统文化教育的断层和缺失现象已经愈加明显。

在我国改革开放之后，文化多元化的冲击，带给学生们一些困惑与迷茫，不仅出现了自我意识膨胀，还出现了价值取向偏移等方面的问题。在高校学生群体

中间，逐渐出现了忽视中国传统文化精神的现象。

（一）对传统文化认知程度不高

传统文化主要是指出现于历史之中，并且得以积淀、保存、延续下的内容，是一种既具有生命力，又具有重要价值的文化。文化具有相对的不变性，并且是跨越时代的洪流传承下来的，所以文化具有稳定性。另外，文化主要是通过载体传承下来的，这种载体可以是传统的节日、文学名著，还可以是音乐、戏剧等。因此加强对高校传统文化的重视，这样学生既能够培养民族自豪感，还能够加强民族自信心。

当前高校学生对传统文化认知的现状，是不甚令人满意的。在针对高校学生关于传统文化书籍阅读情况的调查中，只有不足十分之一的学生读过部分四大名著，从未读过四大名著的学生为数不少。

经史子集方面的图书更是乏人问津。通过相关调查得知，在高校学生的群体之中，大部分人对古往今来的思想家及其学说知之甚少，对其有所了解的学生，多数是缺乏深入研究。可以想象当前学生对传统文化知识的了解，是多么的贫乏。

当前各高校学生对传统文化的认知程度，虽然不可能存在认识一致的情况，但是从宏观的角度出发，在整体上认识不足是客观现状，工科院校尤为明显。

改革开放以来，生产力和经济得到了迅速发展，在这种社会环境之下，出现了实用主义和功利主义，并且逐渐流传开来。高校学生重视的是一些应用性强的知识，传统文化在他们看来是没有办法给他们带来经济价值的。通过社会调研反馈，目前高校毕业的学生无论是在计算机、外语，还是在业务基础理论和能力方面，均具有相对较强的能力，但是学生的社会及工作责任感方面，却出现短板，用人单位针对这种现象，将其总结为文化水平不低而素质却不高。通常所说的人文素质，是指一种内在的品质，是一个人的内在，既包括知识、能力、观念，还包括情感、意志等，这些因素彼此联结，外在表现就是常说的人格、气质和修养。那么传统文化的作用就体现于此，不仅能够陶冶情操，还能够将文化素养浓缩于高校学生内在，使其能够转化为稳定的气质、修养和人格。

在向高校学生调查他们对于中国优秀传统文化的看法时，大部分学生表示肯定，认为优秀传统文化所起到的作用不容忽视，有助于其更好地迈向社会；也有少数学生消极地认为，中国传统文化对于自身发展没有什么实在好处；还有小部分学生认为，传统文化与自身无关。尽管大部分学生在传统文化方面，是具有认同感的，但可惜的是仍有将近三分之一的学生，在认识与热情上有所缺乏。

（二）对传统文化的情感认同不高

1.对传统节日的情感认同度不高

在构建和谐社会的进程之中，制度完善与人际和谐占有非常重要的地位。传统文化的精髓，一方面是来自中国人在制度和道德方面所形成的独特理解；另一方面，更是经过漫长历史的不断实践总结出来的，并将历史的传承浓缩于中国传统节日之中，如清明、端午等节日。

在当前，我国非常重视传统节日，许多传统节日已经列为法定节日，针对这一政策，大多数的高校学生持支持态度，尽管在这一部分学生中有的只是为了节日放假，并不能体现出他们对传统文化的重视。

随着时代的发展，国际的交流愈加频繁，在文化方面西方节日受到了高校学生的追捧。对中国传统节日七夕节的关注程度与对西方情人节的关注程度仍相距甚远。情人节传入中国不过几十年的时间，但是其热度却远远超过了流传了千年之久的七夕节，这不得不引起人们的反思。

2.对传统文化因素的情感认同度不高

四书五经虽然说是几千年前的智慧成果，但是其中的许多观点并没有过时，可以说对我们现实的工作还能够起到指导作用。学习国学知识，不仅能够使高校学生了解我国的传统文化，还能够激发他们的民族自豪感，增强他们的民族自信心。

自西方文化流入我国以来，西方思想所秉承的个性及我行我素思想，不断影响着我国最善于接受新事物的高校学生这一群体，使得传统文化中所蕴含的优秀思想逐渐被忽视。这种局面直接阻碍了传统文化的传承和发扬，也为高校思想教育带来了不利影响。所以，作为培养人才的高校，一方面，要传授学生相应的理论知识，培养实际应用能力；另一方面，要重视高校学生在文化素养方面的教育，实现提高学生文化素养的目的。

（三）传统美德体现不足

几千年来的历史发展表明，中华民族的传传统美德对中国社会优良道德风尚的形成，以及对中华民族的团结、和谐与发展，有着重要的作用和意义。[①] 我国历来是非常重视道德教育的，在重视增加知识的同时，也教人成为有德行的人。我国当前处于社会的转型期，再加上社会各界均受到多元文化的影响，不仅导致我国传承已久的传统文化失去了权威，还模糊了社会价值判断标准，影响我国高校学生的价值观。

当前高校学生缺乏责任感这一话题的热度一直居高不下，高校学生不关注社会上的不道德现象，没有身为社会一分子的意识。

作为历史遗产和财富，应当对于中华传统美德予以重视，当前高校中频频出现与其违背的现象。在师道和孝道方面的表现尤为让人忧心，作为传统文化最重要的分支，在高校学生上的表现还远远不足。高校学生不仅缺乏集体主义精神，而且社会公德意识也十分淡薄，心理素质也比较差。这主要表现在三个方面：首先，在高校学生思想意识方面，注重自我价值的实现，并且将之放在核心位置，忽视了社会、集体的价值。其次，在物质和精神关系方面，在机会和发展层面过于短视，局限于安稳的生活，追求较高的经济收入，将实用主义奉为人生信条，忽视了社会责任感，甚至还出现了极端个人主义的现象。最后，在索取与奉献关系方面，只强调索取，并且持有个人贡献与社会索取等价的观点。在高校学生群体中还有部分学生急于求成，不仅缺乏敬业意识，还存在理想追求淡化的现象。

综上所述，高校学生存在的问题可以划分为四个方面：首先，重个人轻集体；其次，重实用轻理想；再次，重利益轻奉献；最后，重等价交换轻付出。在传统谤德方面，主要表现在忽视"师"道和"孝"道，一方面，表现在以自我为中心；另一方面，不懂得尊重师长、父母，并且还会产生冲突。

（四）获得传统文化知识的途径有限

为了实现加深学生了解传统文化的目的，很多高校开设了传统文化的选修课程。但是从学生的角度来讲，主要目的是为了获得学分，为了兴趣而参与到课程中来的学生并不多，所以课堂教育产生的效果有限。在信息化飞速发展的今天，

[①] 彭锡钊，王振江，于颖．我国传统文化与学校思想政治教育 [M].北京：九州出版社，2018.

学生要获取传统文化知识，所能采用的渠道还是非常多的，诸如课外阅读、媒体等。还有一些现代信息交流网站及视频，通过这些手段做的一些有关传统文化的专题，也受到了学生们的青睐，对高校学生了解传统文化知识起到了一定的作用。

针对高校学生，在传统文化知识获取途径方面，高校应引起重视并且不断地进行拓宽和深入发掘，只将教育重心放在课堂，已经难以跟上时代的发展了。

第二节　融合发展视阈下传统文化与思想政治教育存在的问题

一、教育制度层面存在的问题

（一）缺少传统文化教育内容

不忘历史才能开辟未来，善于继承才能善于创新。优秀传统文化是一个国家、一个民族传承和发展的根本，如果丢掉了，就割断了精神命脉。我们要善于把弘扬优秀传统文化和发展现实文化有机统一起来，紧密结合起来，在继承中发展，在发展中继承。[①]

当前开设关于传统文化课程的高校数量不多。即使有的高校在思想政治理论课方面开设了相关课程，在其结构构成上也存在着缺失，主要表现在政治性内容占整体课程的比重过大，道德性、文化性方面的内容存在比重太小。

在高校课程研究中关于传统文化教育没有得到重视，在传统文化教育方面，几乎处于"零"的状态，思想政治理论与传统文化的融合，还没有形成有效的模式。虽然各高校为了弘扬传统文化开展了相关论坛、讲座，但是其中涉及的多是一些专业性较强的学术报告。

（二）缺乏党政有关部门的推动和指导

无论是中央，还是地方，针对传统文化教育问题所发布的文件，通常情况

---

① 潘桂法. 核心素养观视域下中学语文教学实践与策略研究 [M]. 杭州：浙江工商大学出版社，2017.

下，只进行一般性的号召，以及做原则性的要求，在具体工作方面上缺乏具体规定。

另外，在高校的考评体系方面，对于传统文化教育鲜有专门制定的指标，传统文化教育不仅缺乏相关部门的监督，在考评和组织交流工作上也处于缺乏的状态。

二、学术研究层面存在的问题

（一）研究方法存在误区

1.中国传统文化碎片化

中国传统文化碎片化主要表现在通过思想政治教育作用于传统文化，并且使其肢解化、碎片化。不管是在当代思想政治教育理论研究方面，还是在传统文化研究中，相关学者大多是经历过系统的思想政治教育，并且对中国传统文化了解有所欠缺，这直接导致了在阐释中国传统文化时，只能够以当代思想政治教育理论为依据，对传统文化进行碎片式的解析，阻碍了传统文化在其原有面目与内在精神气质上的直接传达，另外在传统思想政治教育方面，不单单缺乏逻辑体系，自足性也处于缺乏状态。

2.逻辑推演取代实证研究

在当前高校，不管是中国传统文化研究，还是思想政治教育方面的研究，通常情况是利用逻辑推演的形式进行。首先，立足于经典传统文化，在此基础之上寻求思想资源的灵感。其次，在研究学者方面，社会大众群体忽视了传统文化的内容，这直接导致了传统文化的应用价值难以得到实现，阻碍其服务于社会现实。

（二）研究意识与创新性不足

1.缺乏持续性与深入性意识

在中国传统文化方面和思想政治教育方面，尽管已经取得了一些研究成果，但是还存在着一些不足，不管是研究方向，还是研究内容，不仅缺乏持续性，还缺乏深入研究的意识。

2.选题单一与内容重复

在研究方向方面，多是选择简单操作性层面的课题，而对于在理论深度上的思考有所欠缺，这说明还需要继续加强创新性。

（三）学科立场的辨识度不足

中国传统文化和思想政治教育这两者的研究涉及了许多学科，如伦理学、教育学等等，是建立在多种学科理论成果之上的。辨识度不高主要表现在三个方面：首先，在政治伦理方面，没有清晰的界定。其次，在学科交叉方面，既包括独特的学科立场，还包括话语体系，就其在如何区分这一问题上，仍然存在着分界问题。最后，在古代思想政治教育方面，针对其内涵与特质众说纷纭，从而影响了学科的辨识度。

三、思想政治教育层面存在的问题

（一）优秀传统文化教育效果不佳

优秀传统文化得以传承的原因，需要综合对时空场域与教育方式两个方面进行分析。在当前高校思想政治教育的过程中，部分教育者还是简单的作为中介角色，只是做着简单的知识传递工作，这种教学方式让学生难以形成认同，在学习过程中容易出现厌烦心理，导致传统文化不能深入人心，导致优秀传统文化失去应有的魅力。

（二）思想政治教育的单一片面

1.教育功能单一

高校思想政治教育将培养目标和价值定位作为立足点，存在着忽视、弱化教育功能的问题，不仅具有较为明显的政治色彩，还具有政治功利趋向性，忽视人的自由全面发展，严重缺乏理性精神与人文情怀。

2.教育模式单一

高校所采用的教学模式，通常就是以教师为主导的模式。这种模式强调教育者权威，而对于学生来说，偏重外在的约束管理，忽视了对学生的培养，不仅包括主动性、积极性，还包括自我约束力。在教学中通常使用统一化的目标和标准来要求和评价学生，忽视了不同学生个体客观存在的差异。在教学中引导学生时，没有施行一种交互式的引导方式，忽视其所具有的导向作用。

3.教学方法单一

在我国高校中，在思想政治教育方面普遍存在着单一理论灌输的教学方法。教学方法僵化，不仅忽视了学生的内在需要，而且在引导学生自我发展方面也有所欠缺。在教学过程中，采用的是以说教为主的教学方法，强调学生无条件服从，缺乏灵活性。只注重思想政治教育方面存在的实效性。

4.教学内容单一

在思想政治教育实践方面，教材内容陈旧单调，在这些教材中，针对社会发展中的矛盾与问题方面的内容，处于缺乏状态，没有综合论述高校学生关注的热点问题和敏感问题，难以满足学生的需要，不利于激发学生的兴趣，也不能引起学生的共鸣。

第三节　融合发展视阈下传统文化与思想政治教育的问题原因分析

一、多元文化的影响

（一）西方文化的影响

改革开放以来，由于受到西方文化的冲击，导致学生在中国传统文化的学习方面有所忽视，甚至将继承传统文化视为是一种守旧过时。这种的问题导致中国传统文化在融入思想政治教育的进程中显得愈发艰难。

进入改革开放的新时期，意识形态领域正处于一种新旧交接的过渡时期，可以说是处于道德真空状态的一段时期，我国贫穷落后的现状与西方国家现代化还存在着相当大的差距，这使得我国普遍出现了文化自卑心理。当面对西方文化的冲击时，又形成了一轮反传统思潮，甚至有观点主张全盘西化。这些学者片面地将封建主义与现代化做了界定，一方面，将中国传统文化整体认为就是封建主义；另一方面，将现代化等同于"西方化"。

（二）全球化文化的影响

伴随着经济全球化的发展，不同国家之间开始频繁交流，并且相互影响。为应对文化全球化带来的一系列挑战，高校在思想政治教育方面必须加以重视，对高校学生进行积极地引导，让其学会取其精华，去其糟粕，学会辩证地看待传统文化。

这就要求高校不仅要在日常思想政治教育方面，还要在课堂教育方面，注重传授优秀的传统文化思想，采用科学合理的教育方式，将传统文化渗透于高校学生的行为指导思想之中，这样才能有利于思想政治教育取得实效。综上所述，结合当前的时代条件，若是使高校学生的思想政治教育不断取得发展，就必须从文化的角度出发，进行深刻的思考。

二、我国现行教育体制的影响

从我国的教育体制方面分析，在很长一段时间中所设置的教育导向，主要是以应试、升学、就业等方面作为目标，带有明显功利性的色彩，直接导致高校学生的思想道德素质和文化素质教育出现缺失，这些不良影响也得以被教育界关注。

为了解决应试教育存在的问题，我国提出了素质教育改革，虽然得到了教育理论界的重视，并且在实践中也逐步取得了一些成效，但还是存在诸多问题，暂时还难以取代应试教育深入人心的位置。一方面是由于应试教育的影响广泛；另一方面是因为素质教育还处于成长发展阶段，与之相适应的教育目标体系等方面还没有发展完善，当前素质教育在我国各地的发展现状，整体来说还没有取得突破性的进展，也就说明我国在全面推进素质教育时，距离这一目标的实现还存在一定的困难，其产生的原因有以下几种。

（一）素质教育与应试教育难以抉择

首先，从素质教育的角度出发，能够带来远期利益。其次，从应试教育的角度出发，能够带来近期利益。人们对于这两方面难以进行抉择，导致出现了这一教育改革矛盾，这种矛盾可以说是远期利益与近期利益之间的矛盾。

（二）对传统文化课程的重视不够

目前，高校传统文化教育中存在着诸多的问题，高校忽视传统文化的原因有以下几种。

首先，是急功近利思想的影响。由于学校将学生的就业率放在了中心位置，直接影响了高校专业课程的设置，使之偏重于易就业的专业，长此以往对于思想素质教育意识就愈发淡化。

其次，高校在传统文化对高校思想政治教育所能产生的作用和意义上没能正确评估，缺乏传统文化具有重要价值的意识，更别说意识到将高校思想政治教育与传统文化进行渗透融合，只是简单地将传统文化置于普通课程之中，没有进行过多的关注。

最后，部分理工类院校存在着课程设置不平衡的状态，具有重理轻文的倾向。一方面，在学科建设上，注重培养技术型人才，各理工类院校均存在着不同层次的对于人文社科类的忽视。这种现象在短期内难以进行改变，在高校方面加强传统文化教育方面的努力，但收效甚微。

（三）应试体制与学生心理的双重约束

关于传统文化的继承和发扬，应该存在于学生教育的各个阶段，并且不能急于求成，是一个循序渐进且长久的过程。在教学体制的影响下，无论是在高校方面还是学生方面，均过于注重就业率，在这一过程之中就过于偏重专业技能的传授，在学生课下之余也很少有时间能够涉猎传统文化知识。高校学生几乎将全部精力置于就业的竞争上，专注于各种专业的学习，积极备考各种职业证书，加上高校方面对于传统文化方面的忽视，几乎没有开设相关课程，即使开设了课程，但是由于高校学生没有重视传统文化这方面的意识，导致其成效也是比较低的，这种种现状与原因对高校学生接受和践行传统文化产生了不良的影响。

另外还需要引起重视的是，近年来一些低俗文化的流行，对于高校学生产生的影响。低俗文化不仅缺乏现代人文精神，还在传统文化底蕴方面相当匮乏；另外，不仅违背了现代先进文化的走向，还污染了民族传统文化。低俗文化导致了高校学生信仰迷失、行为失范。在当前的时代背景下，高校中独生子女所占的比例从整体上讲还是很高的，学生本就处于不成熟的状态，这种情况加剧了学生的心理脆弱、承受能力低的特点。

灌输是一种在思想政治教育方面重要的方法，但并不是一种简单地灌输，在思想政治教育方面不能只单单从教育者的角度出发，对于教学目的的考量，不能重视学生的实际需要，也就是将教学这一词语分开，不仅会削减学生的学习动力和兴趣，长此以往，还会导致学生产生厌学情绪，最终阻碍了思想政治教育的开展。

（四）载体单一与功利教育的共存缺陷

由于受在教育方面大环境的影响，包括高校扩招、就业压力增大，以及为了在竞争中脱颖而出，导致我国在教育方面出现了一种功利化的趋势。

在课程设置方面，不断加深在自然科学方面所占的比重，从而导致在教育过程方面存在单一化等方面的问题。

第六章　融合发展视阈下传统文化与思想政治教育融合发展的可行性

本章是融合发展视阈下传统文化与思想政治教育融合发展的可行性，主要从三个方面进行阐述，分别是传统文化与思想政治教育融合发展的实践意义、应用价值、必要性和可能性。

第一节　传统文化与思想政治教育融合发展的实践意义

我国的传统文化自古以来都很重视伦理价值，重视德智的统一，强调从德的方面来统领智力的发展，这是一套系统的、有民族特色的教育理论。这套教育理论的产生与发展是一个长期的过程。无论是从早期的奴隶社会还是到后来的封建社会，甚至直到近现代，德育为先、以德领智的教育理念和教育思维，无论遭遇多大的曲折和挑战，都能够一以贯之地坚持和发展。除了德育外，智育、美育、体育等，也都有德育内容的传递。历史发展过程中，古代教育家们对德育的过程也多有研讨。虽然很多是对剥削阶层的偏见和理想主义的假设，但是他们从道德教育的实践中总结出了一些理论，并且反映了道德教育的规律。而现在我们的高校思想政治教育，就应该植根于这种传统文化的土壤，充分吸收中国传统文化几千年来所积淀的丰富营养，发挥优秀的道德教育在高校思想政治教育中的作用。中国传统文化博大精深，学习和掌握其中的各种思想精华，对树立正确的世界观、人生观、价值观很有益处。学史可以看成败、鉴得失、知兴替；学诗可以情飞扬、志高昂、人灵秀；学伦理可以知廉耻、懂荣辱、辨是非，这充分体现了中国传统文化在高校思想政治教育中的有益作用，也说明了它在高校思想政治教育实践中的积极推动作用。

在教育目标上，许多古代教育家都认为，道德品质形成的过程首先是一种自求自得的过程。立志，即自己确定一定的道德理想和目标，这是道德教育的首要环节，这种以立德立志为目标的传统文化和教育目标，几千年来一直在中华民族内部和中国社会环境中不断传承，成为民族共通共认的追求理念。当前，我国高校思想政治教育的目标就是培养有理想、有追求、有担当、有作为、有品质、有修养的新时代青年大学生，即培养"六有"好青年，这种培养目标是坚持马克思主义思想的必然要求，也是扎根于中华大地，继承于中国优秀传统文化，培养符合新时代需要的有志青年的必要选择。这些要求和目标同古代的教育家在目标上是相通的。"立德树人"也是现今高校思想政治教育的根本任务，要以社会主义核心价值观为引领，让大学生能够树立起正确的认识，有远大的理想和人生抱负。

在教育的内容上，我国传统文化的思想也很丰富，形成了独具特色的中华传统文化与教育体系。古人很讲究修身，早在先秦时代，儒家创始人孔子极为强调这一点，孔子说"见贤思齐焉，见不贤而内自省也"[①]，意思是要求人们在学习客观的贤德与不贤时，能够对主观修养上的差距进行自我分析，对自我进行相应的道德评价。孔子是关注人们的道德品质的，认为"德之不修，学之不讲，闻义不能徙，不善不能改"。[②]在他看来，想成为有道德的人，不仅要"修己以敬"，而且需要"修己以安人"，以至于"修己以安百姓"。[③]孔子同时提出了进行道德教育和提高道德修养的途径，这就是既重视立志，又强调持之以恒；既提倡克己内省，又主张迁善改过，身体力行。孟子也很重视修身，即所谓自我修养。孟子主张人性本善，在他看来，人应该通过自我的修养，加强自我教育，对自我存在的善性进行坚守、充实和发扬。他认为善性是人先天就存在的特性，但同时又认为"求则得之，舍则失之，是求有益于得，求在我者也"。[④]他用流水来比喻学习和道德修养："流水之为物也，不盈科不行；君子之志于道也，不成章不达。"[⑤]意思是说，流水先要把低洼处充满，才会继续向前；君子加强自我学习和道德修养，没有一定的积累，就无法实现自我的通达。现在，高校的思想政治教育也是主张学生要通过自己的修身，树立起正确的思想信念。习近平总书记指出："理想指引

① （春秋）孔丘著；吴兆基译.论语[M].成都：四川天地出版社，2020.
② （春秋）孔丘著；吴兆基译.论语[M].成都：四川天地出版社，2020.
③ （春秋）孔丘著；吴兆基译.论语[M].成都：四川天地出版社，2020.
④ （战国）孟轲著；李晨森译.孟子[M].北京：煤炭工业出版社，2017.
⑤ （战国）孟轲著；李晨森译.孟子[M].北京：煤炭工业出版社，2017.

人生方向，信念决定事业成败。没有理想信念，就会导致精神上'缺钙'。""只有把人生理想融入国家和民族的事业中，才能最终成就一番事业。"①这种对理想信念的高度重视和追求，造就了高校思想政治教育和中国优秀传统文化先天性的、自然而然的内在紧密联系，使得思想政治教育在开展过程中很容易在中国优秀传统文化中找到属于可以借鉴与融合的思想内容。将这种既拥有厚重历史文化气息，又拥有强烈时代使命感与责任感的思想政治教育内容呈献给当代大学生和青年，必然能够帮助他们自己树立起一种自强不息、奋发有为的精神。

自古以来，中国的传统文化就对教育方法的创新高度重视，并积累了很多成效显著的经验。走进近代以来，我们在教育领域更多地注重"西学东渐"，将目光投于西方教育模式与方法，不从中国传统文化自身寻找办法，甚至全面否定中国传统文化和教育，一味追寻西方教育教学模式，这种做法是极不可取的。高校思想政治教育同样如此，要想创新高校思想政治教育的方法，必须从传统教育方法中寻找答案，在新时代和新环境下创新思维，改进老办法，沿用好办法，结合当代青年大学生的成长环境和思想特点，做好调查研究，了解学生的学习特点、学习需求和接受行为模式，针对性地设计高校思想政治教育的新体系和运行机制。只有这样，才能激发学生的兴趣，提高他们主动学习和理解的热情，而不是单纯地、机械性地将这些思想政治理论的知识点强加到大学生身上。

综上所述，在将中国传统文化融入高校思想政治教育时，要特别注重对中国传统文化优秀的教育思想、教育目标和教育方法做创造性的转化，使其能够得到创新性的发展，找到两者最好的契合点和实现途径。这就要求高校在思想政治教育课中作出改进。首先，要改革原来的课堂式教学模式，注重探索和提升思想政治教育的吸引力，做到让学生愿意听、愿意学。其次，要大力提高思想政治教育教师的素质，教师自己要首先成为一个思想过硬、素质优秀的人。教师的思想政治素质达标，才能正确地影响自己的学生，学生也才会产生对教师的仰慕心，同时要加强思想政治教师与中国传统文化教师队伍的师资整合力度，充分发挥两部分专业教师在原有学科知识储备和科研教研能力的优势，通过集体备课、项目课程研发、教学活动设计等方式，盘活高校思想政治课程体系，构建开放的、多维的、立体化的高校思想政治教育课程群和课程讲授模式，只有思想政治课程的主

---

① 习近平. 习近平谈治国理政 [M]. 北京：外文出版社，2016.

体教授者有活力、有激情、有吸引力，才可能将思想政治课堂变成有广度、有宽度、有深度又有温度、有热度的课堂。再次，要发挥大学生的主体作用。在思想政治教育中，大学生是占主体地位的，一要加强教育的引导，不断挖掘对思想政治教育课程的趣味性和吸引力，将优秀传统文化巧妙地融入思想政治课堂，让大学生认识到中国传统文化中的优秀基因，激发他们进行自我学习和探索的热情；二要尊重大学生，不能采取强迫式的教学，要慢慢进行引导，通过思想政治课程的教学改革，进一步加大实践教学改革力度，增设设计性、综合性、体验性、创新性课程模块，引导学生通过团队协作、社会调查、人物访谈、项目设计、展示论证等方式，使他们真正去搜集信息、梳理要点、加强体验、探索根源、整合资源，通过个人真实体验、团队交流共享、教师宏观指导，在行动探索过程中扩大对中国传统文化的知识掌握覆盖面，引发他们对国家历史与社会现实的深度思考，在团队展示研究中深切体会中国传统文化的博大精深与永恒魅力。最后，要营造积极的文化氛围，加强优秀传统文化第二课堂活动的专业教师指导队伍建设，优化优秀传统文化校园活动的内容选择和细节设计，打造以传统文化传承为主题的校园文化品牌活动，开设传统文化讲堂，邀请在文学、艺术、文化等方面有造诣的学者来校开坛讲学，同时加强校外文化基地建设，有效利用社会文化教育资源，多角度、多层面地潜移默化地感染大学生，引导他们积极参与第二课堂活动，融实践性、趣味性、知识性、主动性为一体，帮助他们发现自身传统文化的兴趣点，达到扩大传统文化知识面，提高文化鉴赏品位，影响他们的思想观念、价值标准、道德行为，完善健全人格的目的。

第二节　传统文化与思想政治教育融合发展的应用价值

我国高校思想政治教育的主要目的是育人，育人当然不能脱离我国的文化环境。高校思想政治教育不能脱离传统文化而存在。中国传统文化和西方的智性文化不同的是，中国传统文化更讲究育人的道德层面，中国自古就有崇德尚仁的观点，要成为一个合格的人，就一定要有高尚的思想道德主阵地，因此中国传统文化是一种德行文化。中国古代道德教化也在教育中占有重要的地位，并且在发展过程中形成了较为完备的体系，很多优秀的思想意识和精神培养就从中发端而来。

例如，谦恭有礼、爱国爱家、孝敬父母等等。中国传统文化具有非常突出的强化道德完善的色彩和要求，这有助于维护人与人、人与社会以及人与自然之间的和谐共处，避免矛盾，有利于社会的稳定，在推动历史发展上具有极大价值。它强调道德修养和道德教化，这不仅推动了德育的发展，培养了诸多道德品质高尚的仁人志士，也为当代高校思想政治教育提供了良好的历史渊源和文化支撑。二者相互渗透、融合必将促进我国思想政治教育事业的不断创新发展。

在高等教育发展的新时代，高校思想政治教育工作更应该从中国优秀传统文化中汲取营养，凝聚适应于新时代人才培养目标的内在力量，在传承的基础上进行大胆创新，形成"文化育人"新格局，提升高校思想政治教育工作的科学性和内涵性，打造高等教育事业新高地。

一、提高思想道德素质和文化素养

我们知道，中国传统文化的核心价值取向是崇尚道德，加强道德教育，提高道德影响力是中国传统文化几千年来的优秀传统。在我国古代的教育体系中，有着众多的学科，春秋战国时人们就要学习"礼""乐""射""御""书""数"六艺，但是这些教育并不是我国古代教育的最终目的，古代在学科教育的同时，更加注重对于人们德行的培养，中国古代强调的是德才兼备的人才，而不是有才无德，或是有德无才。一个人只有既有知识，又有崇高的道德品质，才能达到成为君子、圣人的标准，是一个理想的人。这种观念，在中国几千年的历史中一直没有改变，由此也可以看出中国古代教育对于人们德行塑造的重视。

近代以来，随着西方列强的入侵，中国社会日趋衰败，人们对自身的传统文化产生了怀疑，并拉开了反传统思潮的序幕。在我国近现代三次反传统文化思潮的影响下，中国传统文化遭到严重破坏，致使许多人对我们自身的民族传统文化态度淡漠、认识不足，最终导致民族文化的失落与人们精神家园的相对荒芜。自中华人民共和国成立以来，我国思想政治教育在几十年的发展历程中，虽然取得不少成绩，但其偏重理论灌输的教育模式单一枯燥，使得人们对马克思主义这一科学理论的认识与接受大打折扣，自然使得人们树立科学的人生观与价值观也显得极为困难。市场经济时代的经济形态，一方面强化了人们的平等观念和经济意识，提高了人们的自主意识和竞争观念，另一方面也导致了以金钱多寡作为价值判断标准的拜金主义的滋生，引发了极端的个人主义和无政府主义。在当今经济飞速发展与信息爆炸式传播的全球化时代，多元文化交流亦日趋频繁，在各种各样的价值观的影响下，人们尤其是青少年学生不免会受到诸如狭隘的功利主义、享乐主义、拜金主义、个人主义等各种不良价值观潜移默化的影响。

正是上述这种种因素的综合影响，造成了人们人生观与价值取向的盲目与混乱。因此，将中国传统文化中优秀的德育思想不断融入思想政治教育，不仅有助于中国传统文化自身的发展，也有助于改变我国当前思想政治教育工作中过分偏重理论灌输的教育模式、受教育者消极被动等教育困境，有助于消除功利主义、享乐主义、拜金主义、个人主义等各种不良的价值观对人们的消极影响，有助于人们树立正确的人生观与价值观，提高人们的思想道德素质和人文文化素养。

面对社会发展的诸多问题，我国高等教育的发展而临改革难题，其立德树人的本质，要求思想政治教育工必须要坚守政治站位，这与中国传统文化"仁、义、礼、智、信"的育人理念不谋而合。在高校思想政治教育工作中，中国优秀传统文化是立德树人的源头活水，重塑中国传统文化的精神内核，与思想政治教育工作融会贯通，能够更好地提升当代青年学生的思想道德水平，帮助其在价值养成的关键时期，系好人生的"第一粒扣子"。在中国传统文化教育实践中，注重个人素养的全面提升，以文化人，以文育人，真正实现"德才兼备"的人才培养目标。

二、增强民族凝聚力和培养爱国主义精神

文化具有民族性特征，也就是说某种特定文化，其一定是和特定民族紧密联系在一起的，是维系这个民族统一化的力量，是这个民族特有的思想观念和生活形态。中国的传统文化是由中华民族创造出来的，所有中华儿女都受它的影响，并内化为自己独特的思想观念和生活形态。一个民族长期共同生活，同时开展共同的社会实践活动，就会在此基础上形成民族文化，这是本民族集体智慧的结晶，它体现在民族生活的方方面面，延续在民族发展的整个过程中。无论是顺境还是逆境，它都会积累巨大的力量，在需要的时候发挥出来，让任何想破坏民族团结的企图无所遁形。

由于共同的文化心理，每位中华儿女，对于中国传统文化，都有一种亲切感。现在在海外一些中国人生活的社区，随处可见中国传统文化的踪影，就是这种文

化环境影响的体现。这种共同的文化认同感，在某些特定时期，还可以有效地调和社会矛盾或者阶级矛盾。当国家或民族由于种种原因尤其是因为统治者腐败骄横而处于落后状态时，人们会爆发一些不满的情绪，但人们不会因此就接受外来文化，抛弃自己的文化，而是在传统文化的驱动下，将这些腐败者同国家和民族分离开来。这些都是文化凝聚力的表现。

爱国主义是中华民族的优良传统，也是民族精神的重要内容。是中华民族繁衍生息，充满生命力，始终自强于世界民族之林的核心力量。继承和弘扬爱国主义优良传统，是对我们每一个公民的基本要求。民族凝聚力是一个民族、一个国家内部的一种强劲有力的、持续不断的向心力，是在基本目标一致前提下的一种团结奋斗的力量。民族凝聚力的增强和爱国主义精神的培养，不仅仅关系到个人的发展，更关乎民族和国家的未来。这宝贵的精神财富贯通于中华民族五千年的发展历史，在中国传统文化的精髓中熠熠生辉。因此，在我国当前的思想政治教育中，加强中国传统文化教育显得尤为重要，在传统文化中积极挖掘思想政治教育资源，是对传统文化所蕴含的民族精神的继承和弘扬，对我们增强民族文化认同感，树立民族自尊心和自信心，增强民族凝聚力有极大的作用。有助于继承和弘扬爱国主义优良传统，培养爱国主义精神。

三、挖掘丰富的思想政治教育资源

中国传统文化历来非常注重对于人们道德素质的培养。因此，古代教育非常重视道德教化，并且强调要在实践中自省，在外在的言行上表现出自己的道德修养来。这些中国传统文化的教育思想充分体现了人们"以文化人"的精神。这些思想沉淀下来，也成了当代高校思想政治教育的宝贵资源，在现在的高校思想政治教育中，也要坚持这样的教育准则，以提高大学生的思想道德修养为根本。

首先，中国传统教育追求的是要塑造具有"圣贤"品质的人格特点，道德品格培养和社会责任意识一直居于古代教育的首位，古人提出了很多关于"君子""圣人"的标准，要求人们去实践、去提升，最后达到止于至善的境界，这是最高的道德层次。

其次，中国传统教育也注重培养人们的整体观念，要求人们不能以个人主义、功利主义为导向，而是要将国家和民族放在个人前面，在修养上追求天人合一，要有一种和而不同的处世态度，要有一种开放融通的创新精神，对人、社会要诚信，不欺人，要追求内圣外王的理想人格与人生取向等。

再次，中国传统文化注重言传身教，强调教育应该遵循因材施教、循序渐进等基本原则。

最后，中国传统教育在教育方式上强调要知行合一，知和行要统一起来，学和思要结合起来，要经常反省自己的言行是不是合乎君子圣人的标准，有则改之，无则加勉，就算是一个人独处，也不能违背道德准则，要达到慎独的标准。中国传统文化中自强不息、信义勤俭、爱国向上、报国修身等精华思想内容不断为我国思想道德建设提供重要的道德原则和价值尺度。

综上所述，我们应重新审视存在于中国传统文化中的思想政治教育资源，发现它的教育价值，并且将其与现在的高校思想政治教育有机地结合起来，进一步完善高校思想政治教育课程体系，提升高校思想政治育人的实效性，扩大高校思想政治育人的主阵地，综合校内外各类社会文化资源，打造立体化、多维度的高校思想政治教育育人体系是非常有必要的。

第三节　传统文化与思想政治教育融合发展的必要性和可能性

一、传统文化与思想政治教育融合发展的必要性

人类社会的所有活动都不能离开文化环境而单独存在。社会环境的特点影响着社会活动的内容与形式，对社会活动的属性起到了重要的影响作用。高校思想政治教育亦是遵循这一规律。思想政治教育以"育人"为目标，"育人"要放在中国特有的社会环境中进行。在这些环境因素中，文化特征是影响高校思想政治教育的重要因素。因此，思想政治教育有着鲜明的文化性特征，它的本质就是为国家、为社会培养具有思想政治高素养的合格人才，它是构筑国人思想和灵魂支点的主要课堂。

（一）高校思想政治教育自身发展的内在要求

近代以来，中国人民经过长期的努力探索，找到了马克思主义作为自己的指导思想，我国思想政治教育事业必须坚持马克思主义的指导方向，这是中国思想政治教育的根本性质要求。然而作为一种产生于中国本土之外的理论学说，虽然马克思主义已经超越了民族与地域的限制而成为"放之四海而皆准"的真理，但它不可能直接为中国的革命和建设事业提供具体的路线、方针和政策。马克思主义思想作为一种与时俱进的先进思想，需要在实践过程中不断与实际结合、不断发展。

自马克思主义传入中国百余年来，如何实现马克思主义中国化，使之在中国生根发芽，一直是马克思主义思想在中国传播发展的核心问题。我们知道，经过数千年的发展，中华民族有着辉煌历史文明，并且形成历经数千年绵延发展而从未中断过的中国传统文化，每一个中国人的思维方式、道德发展、行为模式等，无不受到传统文化的影响并体现在日常的行为方式、思维模式、道德规范以及价值取向之中。

只有找到与中国传统文化相互融合、协同发展的契合点，用马克思主义思想指导中国传统文化的接续发展，用中国优秀传统文化的丰富内涵滋养马克思主义思想的中国化实践，才能真正让马克思主义思想在中国这片广袤沃野上茁壮发展。作为马克思主义思想指导下的高校思想政治教育同样也要将中国传统文化进行现代化再创造，与具体工作过程结合，促进二者的融合。思想政治教育工作应该尊重中华民族传统文化的现实意义，要按照批判继承的原则，把传统文化纳入思政教育工作体系，创新思维与模式，寻找思想政治教育与中国优秀传统文化、社会环境发展的最新要素与特点相结合的实践方式与内容。在马克思主义中国化的前提下，加强对思政教育工作的支持和指导，推动其实现与中国特色与实践相结合，得到进一步的创新发展。

在我国，思想政治教育作为一种教育实践活动，其根本目的是提高人的思想道德素质，促进人的全面自由以及自主发展，激励人们为建设中国特色社会主义，最终实现共产主义而奋斗。人的全面自由发展包含许多内容，其中文化素质与修养是一个重要的方面。良好的文化素质与修养，能够使一个人拥有更高的站位与视野，形成高尚与正确的世界观和价值观。同时，良好的文化素养积累，能够帮助一个人正确应对社会发展过程中的各种问题，充分融入所处的社会环境中，有效地实现人的自由而全面发展。所以，思政教育工作必须重视和关注文化，要依托中国特色社会主义文化体系开展工作，充分体现和展示中国特色。我们有很长一段时间忽视对文化的关注，对中国传统文化和现代高校思政教育工作的内在必然联系没有充分重视，人为地将高校思想政治教育与中国传统文化割裂开来。相反，在思想政治教育过程中，过于机械地强调政治性，在高校思想政治教育的形式上，主要采用了教条的理论灌输，这无疑让本来就相对枯燥的政治教育变得更加单一和呆板。忽略了在思想政治教育中应该具有的丰富的文化含量内涵，将思政教育读物变成了政策、文件、条例等的简单汇编，使得本来应该富有情趣的思政教育工作变得毫无吸引力。

思政教育工作与时代需求和社会需要紧密联系，应该是富有感染力和号召力，应该是充满战斗热情和伟大情怀的，现在都在这种割裂文化的做法下变成了枯燥空洞的政治说教与道德说教。文化性的人为缺失，让思想政治教育资源日益减少，号召力、影响力、感染力不断削弱，严重影响了思想政治教育的育人功能，阻碍了思想政治教育的全面深入发展。特别是面对90后甚至00后的新一代大学生，伴随着"互联网＋"、大数据等新兴技术发展，在多元思想交锋融合的社会环境与背景下，这种传统的、滞后的高校思想政治教育模式和内容就很难跟得上新时代高校实现"立德树人"总目标的发展需要与步伐。

中国传统文化的重要内容之一，就是重视道德建设，而且注重道德的教化，"文化化人"和"文化育德"的传统正是这一特点的具体展示。这种优秀的传统与内容在育人过程中有着良好的目标导向作用和天然的教化优势，特别是在以数千年来中国传统文化为根基的中国社会环境中，有着强大的号召力和潜移默化的影响力。因此，我国的思想政治教育要进一步发展创新，就必须重视其文化性，将中国传统文化融入高校思想政治教育创新发展的全过程，从中国传统文化中有选择地汲取营养，使其内化融合成为高校思想政治教育的重要内容，成为思想政治教育重要资源。换言之，中国传统文化与思想政治教育相融合，是思想政治教育自身发展创新的内在要求与必然选择。

（二）文化自觉与文化自信的要求

文化自觉指的是生活在某种文化中的人，要对这种文化有自知之明，知道它的来源和形成，以及它的特色和发展方向。提倡文化自觉，不是要人们回到过去，完全崇尚历史文化的内容，也不是要人们全盘西化，完全放弃传统文化的传承。而是要有一种自觉的文化意识，要能够看到文化中的优秀部分，并且创新性地予以发展。文化自信指的是一个国家和民族要能充分肯定自己的传统文化，要认识到蕴含在传统文化中的价值，要坚定地相信这些优秀的文化能为国家和民族的发展注入动力，产生推力。只有对自己的文化充满了自信，才能在世界文化之林具有自尊，才能对自身的文化价值加以肯定并自觉自愿践行。在实现中华民族伟大复兴和中国梦的关键冲刺阶段，只有唤起民众的文化自觉才能充分认识和体会数千年来中国传统文化的辉煌发展，才能让当前中国梦实现的伟大实践找到发展的源头，帮助理解实现中国梦的伟大意义与必然选择。在唤起文化自觉的基础上，通过批判性地传承与发展中国传统文化，发扬和汲取中国传统文化中优秀部分，树立国家和民族层面的文化自信，这样能够夯实社会主义先进文化的发展根基，将民族传统文化进一步发扬光大，并赋予其新的生命和发展动力，为全面推进中华民族伟大复兴增加文化动力。

世界上任何民族的传统文化都有积极的方面和消极的方面，一个国家和民族有没有文化自觉和文化自信，除了取决于文化核心内容的展现，更取决于这个国家和民族对待传统文化的态度。对传统文化的理性批判、合理继承、勇于创新是文化自觉的本质要求，更是文化传承发展过程中的必然过程。如果一个国家和民族不能够正确地认识自己的传统文化，那自然也就不会实现对自身文化的文化自觉，这是实现文化自觉的基础性和必要性环节。

数千年来，中华传统文化源远流长，作为四大文明古国之一，中国传统文化的历史传承，几千年来虽然历尽崎岖与坎坷，但却是唯一一个从未中断、一直延续至今的文化体系与脉络。与其他几大文明古国相比，中国传统文化并非一帆风顺，它在传承与发展过程中也经历过磨难，甚至曾经走到过崩溃与灭绝的边缘。但因为中国传统文化拥有强大内生动力与个性特征，特别是其不断发展、不断调节、不断创新的文化自觉与文化品格，帮助其在面对困难与挑战时，不但能够顺利传承，更能不断推陈出新。经过几千年的实践与发展，中国传统文化已经形成了具有鲜明特征的优秀文化体系，这一过程是古人在几千年的实践中不断探索、不断传承、不断发展而得来的，是几千年来中华文化发展的积累所得。它的形成对世界文化体系产生了不可磨灭的卓越贡献，是世界文化宝库中的重要内容。

中国传统文化具有自己鲜明的特征，它从不在世界文化发展的过程中随波逐流，盲目跟从。同时，在自我发展过程中也注重兼容并包，吸取其他优秀文化的显著优点。在中国传统文化的发展过程中，中国传统文化形成了自己独具特色的中国品格与中国气象，这也让中国传统文化有别于世界上其他国家和民族的传统文化，长久地屹立于世界的东方，成为世界传统文化发展过程中的重要坐标。

作为中国人，生长在中国的文化环境中，只有认识、理解、接受并内化中国传统文化，才能深刻地认识到中华民族的历史底蕴，知道我们从哪里来，才能拥有明确的前进目标和精神力量，知道我们要做什么，要往何处去，才能拥有社会认同的文化归属感，真正建立具有相同文化根基的牢固有力的社会普遍价值观。这些都是唤起文化自觉、树立文化自信，继而实现文化传承发展的基本要求与过程。如果我们不能理解和认识中国的传统文化，处于茫然的状态，我们肯定不会有自己的身份认同，没有文化归属感，从而让我们的思想变得空白，没有精神归依，文化传承发展的事业，实现中华民族伟大复兴中国梦的过程必然难以接续发展。

根据现实需求，全面选择和继承优秀的传统文化，同时摈弃传统文化中的不良部分，充分肯定传统文化的实际地位，是产生文化自信的前提。在马克思主义思想的指引下，对中国传统文化采取"取其精华，去其糟粕"的原则，将中国优秀传统文化融入高校思想政治教育中，就成了现在高校思想政治教育的一个重要任务。在对待中国传统文化时，我们要充分肯定它展现出来的积极价值，要充分挖掘中国传统文化中的优秀核心内容，以马克思主义思想的观点，将其转化为高校思想政治教育的重要内容。要对中国传统文化有强烈的文化自信，正确认识文化发展的中国特色与世界比较，充分认识其在世界文化体系中独具特色的重要地位，明确其在世界文化体系发展过程中具有的高度先进性，深入挖掘出中国优秀传统文化精华中具有高度现实价值和现实意义，能够应用于当前社会实践发展的部分，实现传统文化的现代价值转换与升级。当然，在吸收中国传统文化的精华时，也不能忘记借鉴一些外来文化中的精华部分，注重将外来文化置于中国社会环境的具体实际中，有针对性地将其转化为符合中国社会环境要求和特点的新兴文化内容，并且内化到中国的传统文化之中。将这些文化内容充分挖掘与借鉴，并与高校思想政治教育进行有力的整合，实现中国传统文化的创新发展，能够有效提升中国传统文化在当前条件与环境下的文化引领作用，从而最终实现文化自觉与文化自信的要求。

（三）形成和发挥文化软实力的基本保证

文化软实力就是国家文化发展的整体水平，是一个国家的文化实力。它是一个体现国家民族文化凝聚力、号召力和影响力的标志。其地位之所以如此高，是因为文化是一个国家一个民族内在的精神核心，是这个民族对历史发展的认知，对现实世界的感受，也积淀着最深的精神追求，并承载着整个民族自我认同的核心价值取向。

文化软实力的作用和影响，体现在国家与社会发展的方方面面，直接影响着社会发展的质量与水平。文化软实力就是一种精神向心力，它有助于国家凝聚力的形成，形成强大的国家合力，能够促进各民族团结和国家统一；有助于政权巩固和文化自信，有助于推动国家和民族形成具有本民族特色的民族品格与毅力，在纷繁复杂的世界发展大潮中面对困难与诱惑不动摇、不迷茫、不盲从；有助于树立自己的民族发展风格，坚定自身民族发展的正确方向，使民族文化屹立于世界民族之林中而不倒。对自己传统文化都没有信心的国家和民族，不能重视建设提升自身的文化实力，相当于放弃了本国的文化主权，在文化领域任人宰割，这是非常可怕的事情，会导致严重的后果。如果本民族的文化领域被其他意识形态攻破，那就会导致国民价值取向的混乱。纵观中国五千年来的历史发展进程，忽略文化传承发展，不注重文化软实力的影响，往往带来的是民族与国家发展的羸弱，甚至是浩劫。

以19世纪末到20世纪初为例，彼时的中国尽管经济总量、人口、资源等指标依然在世界各国中排名前列，但在外国资本主义势力强烈冲击下，淡漠甚至放弃了对中国传统文化的传承与发展。千百年来引以为傲的，对世界各国产生重大影响的中国传统文化软实力日益式微。这使得整个社会层级缺乏了一个强有力的文化内在纽带，中国社会的精神核心被打破，造成了整个中华民族社会与精神意志的疲弱，面对西方文化的大举入侵无招架之力。横向比较来看，近代发展速度较快，在世界范围内具有一定影响力的国家与民族，无不重视文化软实力的发展与传播。美国近几十年来一直将文化输出作为其国家核心战略，通过好莱坞影视、体育、文化出版、文旅产品等，将其国家核心思想、文化、观点进行软性输出，大大增强了其在国际社会中的影响力与认同感。同时也将其文化内容中的核心部分强化为社会环境内民族统一的共同认识，大大提升了其社会内在认同感与竞争力。

由以上这些事例可以看出，作为一个多民族国家，中国要重视和加强对千百年发展至今且未中断的中国传统文化软实力的提升，要凝聚全体中华民族同胞的智慧，共同投入文化建设。要在各民族间形成新时代的共同价值认同，并将之作为全国各族人民思想教育的引导，积累中华民族伟大复兴的内在动力。需要说明的是，传统文化的优秀已经是过去，无论多么辉煌的成就、多么耀眼的成果，都不能直接拿来在今天使用。在今天，要借助传统文化资源，必须结合现代实际情况，对传统文化进行再创造。如果不进行转化性利用和创新性发展，就永远只能停留在原始状态，难以形成现实文化软实力。只有不断地创新，才能把中国传统优秀文化潜在的实力发挥出来，才能转换为真正的文化软实力。

中国传统文化和世界上其他民族的传统文化一样，是植根于民族的土壤中，从总体上反映和代表着一个民族或社会的思维方式、价值观念、伦理道德，体现在人们的思维习惯、生活方式、风俗习惯、心理特征上，内化和沉淀于社会成员的心灵深处，往往表现为民族特有的国民性格和社会心理，作为一种注重道德教化的伦理型文化。文化的特殊性质能够自然而然地具有和实现其教育教化的作用。世界上很多国家和民族都非常注重文化，将其作为国民素质教育的重要内容予以推广。这种做法既能帮助传统文化在现实实践中不断传承发展，也能有效地提升国民教育，特别是思想教育的实效性，有效地提升思想教育的内涵与实效。

（四）探索高校思想政治教育新路径的必然选择

思想政治教育具有文化属性，只有将文化作为依托，从文化中借鉴内容，吸收营养，才能使得思想政治教育更加生动，更加丰富多彩。在当前条件下，高校思想政治教育的发展到达了瓶颈，急需选择新的切入点，创造性地提升思想政治教育的内容与发展水平。在全球化时代背景下，多元文化并存态势越来越明显，大学生的价值观念、思维方式和行为方式较以前发生了剧烈变化，这对高校思想政治教育提出了严峻挑战。在这种情况下，中国优秀传统文化的强大内涵与动力便显得格外突出，将其与思想政治教育相融合，是应对目前思想政治教育存在的困境，解决思想政治教育发展过程中的种种困难的新路径。

首先，中国优秀传统文化是对思想政治教育课堂教学内容的极大丰富。目前我国大部分高校的思想政治教育主要还是通过课堂教学进行。作为思想政治教育的主渠道，课堂教学能够有效集中教育资源，强化教育效果，突出教育重点，具有其他教育方式和渠道无法比拟的重要作用。但同时应当看到，随着思想政治教育课堂教学的不断发展，很多问题和矛盾也逐渐凸显。在课堂教学过程中，教育模式逐步僵化，教学内容单薄枯燥，授课方法单一简单，采用社会学、心理学等学科方面的知识与技术，表面化和浅显化地临时解决问题。本该丰富多彩，深入人心的思想政治教育课堂教学，逐渐成了简单机械的、单项灌输的填鸭式说教，教学效果大打折扣。有些课程与课堂教学内容甚至成了高校课堂教学中的"鸡肋"。教师本身对优秀传统文化的学习研究不够深入，不同程度地存在思想政治教育与传统文化教育的结合切入点挖掘不到位，没有形成传统文化进入思想政治课堂的相对成熟的知识汇入体系和教学设计体系。思想政治课教师对中国传统文化的挖掘和运用还不够，即使运用中国传统文化为依托，也大多停留在机械融合或单纯说教式的灌输层面，并没有深入考察中国传统文化的实质内涵、时代背景、阶级立场。种种原因使得中国优秀传统文化在思想政治教育中的运用和渗透并没有达到预期效果。因此在思想政治教育课堂教学过程中将中国优秀传统文化深入融入与贯通，提升中国优秀传统文化在思想政治教育课程教学过程中的内容比重，探索和丰富中国优秀传统文化与思想政治教育结合的方式方法，提升思想政治教育课堂教学实效，这对于吸引更多学生对传统文化与思想政治的关注，激发学生学习和探索优秀传统文化热情和积极性，提升学生民族自信心与自豪感，有着重要的现实意义，值得深入探究与实践尝试。

中国优秀传统文化能够帮助思想政治教育实现"三全"育人。要教育引导学生正确认识世界和中国发展大势，从我们党探索中国特色社会主义历史发展和伟大实践中，认识和把握人类社会发展的历史必然性，认识和把握中国特色社会主义的历史必然性，不断树立为共产主义远大理想和中国特色社会主义共同理想而奋斗的信念和信心。这就要求高校思想政治工作要培养大学生的历史发展眼光，从近代中国历史发展大势和世界历史大势中，探讨近代中国历史发展的必然规律，人类历史发展的必然规律。实现这样的目标，高校思想政治教育不能仅仅局限于课堂教学过程，不然其教学效果就会大打折扣。要实现高校思想政治教育效果的最大化，必须实现思想政治教育全员育人、全过程育人和全方位育人，即思想政治教育的"三全"育人。在高校思想政治教育的开展过程中，运用校园文化实现"以文育人"和"以文化人"是思想政治教育的重要内容。在塑造良好校园文化过程中，要充分挖掘和运用中国优秀传统文化的丰富内容，将其与高校实际相结合，针对当代大学生的思想认识新特点和新变化，比如自我意识强、责任意识弱，学习能力强、实践能力弱，内心情感丰富、心理承受能力弱，网络依赖感强等鲜明的特点，精心设计出具有针对性和实效性、兼具优秀传统文化特色的、高校大学生喜闻乐见的良好校园文化。这种良好的、特色鲜明的校园文化能够为高校思想政治教育更好地落地创新提供有利氛围和良好的内容供给。促进形成具有优秀传统文化特色的校园文化并将其与高校思想政治教育相结合，也能够使更多方面的人员，特别是中国优秀传统文化相关的专业教师参与到思想政治教育的全过程当中，全面提升高校思想政治教育的育人效果。

中国优秀传统文化能够提升思想政治教育价值观引领作用水平。随着互联网与信息时代的不断发展，各种思想与观点更加容易地出现在大学生周围，各种观点泥沙俱下，良莠不齐，不可避免地对大学生的生活态度、思想观念产生严重影响。大学生正处在成长的关键时期，价值观和世界观正在逐步形成，对很多思想与观点的鉴别能力还不够强，很容易受到不良观点的影响。很多学生既没有真正了解外来文化、思想、观念之精髓，又没有深刻领会中国传统文化、思想、观念之精髓，加之对共产主义理想信仰的怀疑与不屑，对马克思主义思想缺乏真正的认识与学习，因此，在多元文化的碰撞中，他们的价值观极容易向偏激或急功近利发展，对传统文化不以为然，觉得都是过时的内容；对自我的学习得过且过，忽视精神层面和人文社科知识与内容的储备；对思想政治教育课程亦不屑一顾。在生活上，受到拜金主义的影响，很多学生盲目追求金钱与物质的利益，甚至深陷其中不能自拔，校园贷、低俗网红等问题，由此产生。在精神上，他们的个人意识较强，很多时候都以自我为中心，根本不考虑集体的感受，没有集体主义精神和团队意识。考虑自己过多，考虑集体和他人太少，缺乏集体主义精神和团队意识，缺乏对共产主义的理想与信仰，缺乏对人生目标的冷静思考，缺乏对良好的道德品质和人格修养的追求等。面对这些问题，我们传统的思想政治教育惯常以说教和灌输为主的教育模式，缺乏与当代大学生的有效互动，无法及时了解他们的所需所想和存在的问题，难以在短期内及时解决这些问题，再优秀的传统文化，也无法发挥其在思想政治教育中应有的积极价值作用。将中国优秀传统文化融入高校思想政治教育过程中，用优秀传统文化影响支撑思想政治教育的核心内容，能够大大提升高校思想政治教育的深度与厚度。这些都对帮助处于成长期的大学生和当代青年形成正确的价值观与世界观，坚定共产主义理想信念，形成具有中国风格的文化自觉和文化自信，提升实现中华民族伟大复兴中国梦的坚定信心有着重要的教育引领价值和意义。

因此，真正发挥中国传统文化在高校思想政治教育过程中的价值作用，实现中国优秀传统文化与高校思想政治教育的深度结合，对于摆脱高校思想政治教育所面临的困境，实现高校思想政治教育的创新跨越发展具有重要的实践意义。要真正实现这一过程和局面，我们必须主动作为，在高校师生群体中树立高度的文化自觉意识，探索与创新建立中国传统文化与思想政治教育有机融合的最佳机制。

二、传统文化与思想政治教育融合发展的可能性

中国传统文化历来高度重视人的意义，其从创始到发展都以人的发展为目标，都将教化育人作为文化发展与传承的重要意义。而高校思想政治教育同样是做人的工作，也是教育人树立正确的价值观为目标。在这一方面，中国传统文化与思想政治教育在教育目标设置方面都直接指向人，指向人的思想道德素质的提高，同时它们在目标的最终指向属性上都回归到政治属性上，这体现了二者目标的一致性。除了在目标设置与指向属性有着一致性之外，中国传统文化与思想政治教育在内容方面也存在着许多相通相合之处。而二者在教育模式方面的不同，则使二者有了很强的互补性。这些都为中国传统文化与思想政治教育之间相互融合、共创发展创造了重要的可能性条件。

（一）价值观的契合之处

社会主义核心价值观是社会主义核心价值体系的内核，体现的是社会主义核心价值体系的基本性质和根本特征。充分显示了社会主义核心价值体系的丰富内涵，是社会主义核心价值体系的集中体现。社会主义核心价值观内容包括倡导富强、民主、文明、和谐，倡导自由、平等、公正、法治，倡导爱国、敬业、诚信、友善，积极培育社会主义核心价值观。其中，富强、民主、文明、和谐立足于国家发展层面提出来，是我国在社会主义初级阶段的奋斗目标，是社会主义核心价值观在发展目标上的定位，能有效凝聚各民族精神和实践力量；自由、平等、公正、法治立足于社会层面，展现了社会主义社会的基本属性，体现了社会主义核心价值观在价值导向上的规定，成为社会主义社会内部凝聚于构建的价值准绳；爱国、敬业、诚信、友善立足于公民个人层面提出，是社会主义核心价值观在道德准则上的规定，体现了社会主义价值追求和公民道德行为的本质属性，是社会主义公民实现全面自由发展的根基。社会主义核心价值观三个层面指明了我国思想政治教育前进方向，对高校思政教育体系建构提供了清晰的思路。它要求思想政治教育必须在理念上进行全面的更新，坚持"立德树人"的根本目标，树立"以人为本"的教育理念，就要始终加强马克思主义思想与理论对高校思想政治教育的指导，确保高校思政教育的政治方向准确。

中国传统文化是中华文明的重要内容，经过千百年的发展，形成了崇德善仁、进取包容、谦敬礼让、求真务实等内涵十分丰富的价值观念，这是各民族共同智慧的结晶，属于全体人民共同拥有的。这也是我国现阶段社会主义核心价值观的重要理论来源和发展动力之一。

社会主义核心价值观的内容和要求，很多均源自中国优秀传统文化，是几千年来中华民族始终坚持的传统美德。可以说，社会主义核心价值观是中国传统价值观与优秀传统文化在新时代社会主义社会环境下的继承与发展。社会主义核心价值观的建立，让历史悠久、普遍接受的中国传统价值观和传统文化重新焕发了勃勃生机，寻找到了新的实现路径。由此可以看出，中国传统文化和社会主义核心价值观是不能割裂的，它们之间有千丝万缕的联系，它们不仅是一脉相传，更是相互包含的。如果比对一下从中国传统文化中所提炼的价值观念和当前高校思政教育秉承的社会主义核心价值观的内容的话，就会发现它们之间体现出了高度的契合。

社会主义核心价值观的内容，源自中国传统价值观和传统文化，中国传统价值观与传统文化在社会主义核心价值观的表达体系中有了创新发展，这也是二者之所以能够相融合的原因之一。这种相互融合、相互包容、共同发展的关系与模式，使得两者在价值观培养的方面能够完美契合于高校思想政治教育的框架体系中，实现思想政治教育效果的最大化。同时，这也为高校思想政治教育工作者寻找思想政治教育与中国传统文化的结合点，创新构建新的价值观培养体系提供了新的思考与切入点。当然，这并不是说中国传统文化倡导的所有价值观念都是正确且适合我国现阶段的思想政治教育状况，因此我们应该秉承批判与继承的态度来区别对待、使用它们。

（二）目标的一致之处

我国思想政治教育的根本目的是提高人们的思想道德素质，促进人的自由全面发展，激励人们为建设中国特色社会主义、最终实现共产主义而奋斗。这一根本目的包含两方面的内容。一是提高人们的思想道德素质，使人们具备良好的思想道德素质。要树立崇高远大的理想，将爱国情怀融入自己的思想认识之中，树立国家利益和家国情怀，自觉将个人理想和梦想融入实现中华民族伟大复兴的中国梦当中，坚定为社会主义国家建设不懈奋斗的高尚追求；要树立优良的个人和社会品德，带动全社会形成风清气正、高尚高雅的品德情操，形成价值观和社会品德方面的社会共同认识；同时还要树立强烈的事业心、责任感、坚强的毅力、严格的纪律等，这些都是我国思想政治教育的内在目的，是高校思想政治教育开展过程中必须一直坚持和贯彻的必要内容。二是促进人的自由全面发展，这是我国思想政治教育的终极目的。思想政治教育的对象是人，教育的目的最终还是要解决人的问题，影响人的思想，提升人的水平，实现人的发展。而我国高校思想政治教育所需要解决的就是在社会主义社会下，在马克思主义思想理论指导下，如何实现人的全面自由发展问题。这两方面的内容构成了我国思想政治教育的根本目的，是思想政治教育的灵魂和旗帜，直接规定了思想政治教育的共产主义方向，决定了社会主义思想政治教育体系的构建方式。中国传统文化作为崇德尚贤的伦理型文化，以德育人、注重伦理道德则是其显著特征。传统思想文化的重心，是伦理道德学说。

中国自古以来，对"德"便一直高度强调，将其置于考量一个人是否成功成才的首要标准。中国传统思想文化常有对道德范畴的详细表述，其突出特点和优点之一就是它的道德精神，故我国素以"礼仪之邦"著称于世。中国传统文化之儒家经典《大学》开篇便提出了思想教育的根本目标，曰："大学之道，在明明德，在亲民，在止于至善。"① 其意为大学的原则，在于发扬光明的德行，在于革新民众的心性，去恶从善，从而使人达到完善的品格。这是在阐明思想教育的目标就是发扬光明美好的道德，使人人都能主动去除污染而自新，最终达到并保持完美之善的境界。这种思想与阐述，将"立德"这一目标树立为中国传统文化所坚持的最高要求与目标，也明确了文化教育的最高目标和方向。其次，中国传统文化特别注重对圣贤人格的追求，按照儒家经典《论语》的划分原则，中国传统的人格理想可以划分为三个层次。

第一个层次为圣人，这也是中国传统文化中理想人格的最高目标和境界。要成为一名圣人，其做事既要合乎原则，又不能违背他的本性和追求，他的言谈举止要做天下人的表率，但是却不能因此损耗其自身，他自身富有天下，却可以施舍给他人同时并不会让自己受穷。真正的圣人必然是实现道德圆满的统治者，是"圣"与"王"的统一，即"内圣而外王"。第二个层次为君子。君子就是说话忠诚守信，但是从内心并不认为这是什么了不起的美德；做事以仁义为先，见识广博却从不以此为傲；思想通达，明理通道，在言辞上却不争强好胜。对君子层面美好道德的追求是古代中国传统文化体系中对人格塑造的核心层面，是中国传统修身的主要要求。这种对美好道德的自觉追求与体现，是中国传统文化中理想人格的核心要素。第三个层次为士或成人。所谓士，是指即使不能全部明白做事的办法，但是在日常行为过程中还是能够有所遵循；即使不能把事情做得尽善尽美，但是依然能够有所处置；不追求知识的渊博，但只求知识的正确；语言说得并不多，但要追求所说内容的正确，行为做得并不多，但要追求所做的要正确，无论富贵还是贫贱，都要坚持自己的立身原则不能随意更改。这种对遵守礼仪规范、注重人格尊严的要求，是中国传统文化中理想人格的基本标准。也是中国传统文

---

① （春秋）曾子著；东篱子译 . 大学 [M]. 北京：北京时代华文书局，2014.

化与价值观念中教化育人，普之社会皆而同之的基本道德要求。中国传统文化中这种对理想人格的追求也体现其对人们道德品质的理想追求和总体要求。这种对理想人格和道德不同层次的追求，使得中国传统文化在"立德"层面上有了更加深厚和丰富的立体内涵。这种对"德"的高度要求和自律，也深刻地融入每一个人的心中，逐步形成了社会公民所公认的愿意遵守并不断追求和共同维护的社会道德准则。

由此可见，我国思想政治教育与中国传统文化在目标设置上都指向人，指向人的思想道德素质，都将对人的思想道德素质的培养和提高放在首要核心位置上，注重对人的美好道德品质的培养和提升，则体现了二者在育人目标上的一致性。

此外，我国思想政治教育以共产主义为方向，不论是提高人们的思想道德素质，还是促进人的自由全面发展，都是为了更好地激发人们建设中国特色的社会主义，为最终实现共产主义而努力。要将个人理想与追求和国家层面的目标紧密地结合起来，在国家的"大我"中努力发展，从而更好地实现"小我"目标。这也表明了政治属性是我国思想政治教育的根本属性。而中国传统文化也特别注重培养个人与家族、国家、社会的良好组织关系，个人全面的发展与提升，其最终目标依然是将其融入社会环境中，体现个人价值，为实现国家和民族的综合提升贡献自己的力量。由此可以看出，中国传统文化培养之人的最终目的毅然回归到治国平天下的政治属性上来。因此可以说，我国思想政治教育与中国传统文化的教育目标最终都指向了政治属性，这也体现了二者在最终目标指向属性上的一致性。

（三）内容的相通之处

从中国传统文化和思想政治教育各自所包含的内容来看，特别是在科学方法与共同理想方面，也存在着许多相通相合之处。

"大同思想"是中国传统文化中的重要内容之一，它与当代高校思想政治教育中的理想教育之间，存在着相通相合关系。在当代高校进行的思想政治教育中，理想教育的最高目标是共产主义教育，而在马克思描绘的共产主义社会特点中，提到了共产主义社会的特征，即没有私有制、没有阶级，没有国家；财产社会公有，人人地位平等；大家各尽所能，各取所需；人性得以充分发展。在《春秋公羊传》里，也有"衰乱世，升平世，太平世"①的三世说，两千多年前的孔子则在《礼运·礼记》中描绘出了一个更为具体而美好的大同世界。在这个世界中，人人平等，亲密无间，人尽其才，物尽其用，个人与社会浑然一体。到了近代，洪秀全则倾全力构建太平社会，康有为著就的《大同书》，对未来的大同盛世进行展望，并对青年毛泽东产生重要影响。由此可见，中国传统文化中的"大同理想"与思想政治教育内容中的共产主义理想存在着共通之处。这就是为什么中国的知识分子更容易理解和接受马克思主义的共产主义理想。但同时也应当看到的是，中国传统文化中的这一平等思想尽管是一种朴素、美好的社会理想追求，但因为其产生和发展于封建社会之中，尽管在很多情况下存在表述与形式上的相似之处，但其内容和追求的本质与共产主义社会的最高理想并不是完全一致的。因此在借鉴和融合过程中也要有针对性地加以区分和扬弃。

朴素的唯物辩证法思想与科学的世界观教育之间也有相通相合之处。辩证唯物主义两个方面的内容共同构成了当代思想政治教育的世界观。其中辩证唯物主义以世界的物质同一性为基础，以辩证法为方法论，以对立统一、质量互变与否定之否定三大规律为主干，坚持人类社会由简单到复杂、由低级到高级，不断演变繁衍的历史辩证法。人类社会发展变化的终极原因受经济因素影响，所以社会存在决定社会意识，物质生产是社会发展的基础，对社会意识起决定作用。中国传统文化中则一贯重视经世致用，思考历史的兴衰更替要着眼于从物质生产条件以及民心向背的角度来衡量；研究社会的道德与文明要着眼于从人民的物质生活出发。春秋时期的管仲提出了"仓廪实而知礼节，衣食足而知荣辱"②的观点，明确表示社会物质条件是人民群众精神生活的基础前提。孔子提出的"庶之、富之、教之"③的思想则解释了人口的繁衍、社会财富的增加、人民生活的富足和道德教化取得成效之间的依次决定关系。由此可以看出，中国传统文化中的这些观点其实与历史唯物主义的观点有着相通相合之处。

除此之外，中国传统文化中还蕴藏着朴素的辩证法思想。道家学派的创始人老子提出了"万物负阴而抱阳，冲气以为和"④的观点，即任何事物都有对立的两个方面，即"阴""阳"二气，这两个方面在相互作用中实现统一之"和"。儒家

① （战国）公羊高撰；顾馨，徐明校点. 春秋公羊传 [M]. 沈阳：辽宁教育出版社，1997.
② （春秋）管仲著；吴文涛，张善良编著. 管子 [M]. 北京：北京燕山出版社，1995.
③ （春秋）孔丘著；吴兆基译. 论语 [M]. 成都：四川天地出版社，2020.
④ （春秋）老子著；安伦译. 道德经 [M]. 上海：上海交通大学出版社，2021

经典《周易》中"一阴一阳谓之道""刚柔相推而生变化"①等观点意在强调阴、阳和刚、柔对立面的相互作用对于事物发展变化的推动作用。基于以上分析，我们可以看出，中国传统文化中所蕴含着的朴素唯物辩证法思想，与辩证唯物主义和历史唯物主义之间在价值定位和思想倾向上亦存在着相通相合之处。但同样应当看到的是，中国传统文化中所秉持的朴素唯物主义观点是一种简单的唯物主义观点，存在着直观性、猜测性和非科学性的缺陷，缺乏科学的论证。中国传统文化中的辩证法思想，是一种基于唯心主义的唯心主义辩证法。从这些方面来看，这些传统思想还是具有很多的局限性，与马克思主义思想所秉持的科学辩证唯物主义相比，无论是核心思想还是方法论均存在较大区别。因此在借鉴和学习过程中，必须要有所区别和把握。

由以上这些可以看出，如果我们能够全面发扬中国传统文化中的精髓与先进内容，找到和运用其中与思想政治教育相融相通的契合之处，就能够真正使二者有了相融合的可能性。以此为切入点深入挖掘和探讨，就能够进一步丰富思想政治教育的文化内容，找到思想政治教育开展和创新过程中更多可以依托的文化载体，进而使思想政治教育得以在中国传统文化这一丰厚的历史土壤中不断获得新的发展。

（四）教育模式的互补之处

思想政治教育的方法多种多样，有理论灌输法、实践锻炼法、自我教育法、榜样示范法、比较鉴别法、咨询辅导法等，其中理论灌输法是思想政治教育最主要、最基本的方法。作为一门意识形态色彩极为强烈的科学，思想政治教育自然需要通过理论灌输法对受教育者进行理论教育。理论灌输法同时具有教育强度大、灌输力强的特点，在当前我国思想政治教育的过程中，理论灌输法依然被思想政治教育者作为最主要、应用最广泛的方法。不过经过我国的思想政治教育经历不难发现，长期以来对思想政治教育德育功能，尤其是意识形态功能的过分强调而对其文化功能缺乏应有的关注，这使得思想政治教育一直偏重于简单空洞的理论说教和意识形态的直接灌输。特别是当面对 00 后大学生时，这种单项灌输的教育方法和教育模式就更加难以体现它的教育效果。00 后大学生具有较强的自我意

---

① 冯国超 . 周易 [M]. 北京：华夏出版社，2017.

识和怀疑精神，面对理论灌输的内容强化，常常具有较强的排斥性。再加上高校思想政治教育在理论灌输的内容设计中比较枯燥与简单，很多地方受制于客观条件、师生比等问题，常常采用大课教学的形式。造成了理论灌输形式的思想政治教育课程成了教学水平和质量较低的一类课程，在大学生受众群体中难以取得良好的教育教学效果。

在思想政治教育过程中，思想政治教育工作者往往也不考虑受教育者的具体情况，仅仅从共性层面考虑和设计教育内容与方法，而不考虑个性化的思想政治教育教学设计。很多思想政治教育者常常不分层次、不问对象，经常采用"我讲你听""我说你做""我令你止"等居高临下、简单粗暴的教育方式，不但不考虑受教育者的感受和接受程度，有时甚至漠视和压制受教育者主动求索探知的行为。这既反映了教育观念和模式的机械落后，也反映了思想政治教育者在教育过程中缺乏创新和自信的状态。这样的教学方式与教学内容，既背离了思想政治教育的规律和要求，也不符合当代大学生的接受习惯与成长要求。同时，因为理论灌输常常是集中开展，受教育者常常在短时间内集中强化学习这些知识和理论，造成很难真正理解和领悟相关知识内涵，往往只能死记硬背以应对考核，没有真正做到让思想政治教育和传统文化知识有效结合。反而是在这一过程中，受教育者从思想上就又对思想政治教育产生了新的厌恶之感，在一定程度上形成了一说思想政治教育，就条件反射到说教的模式，思想政治教育形成了高高在上、重要无比，但学生们只在正式上课被动地不得不听，下课抛之脑后、无人问津的现实局面。这些问题都使思想政治教育工作在开展过程中变得更加呆板枯燥、索然无味，思想政治教育的实效性也大打折扣，具有先进性的马克思主义思想的理论与知识难以真正做到入脑入心，思想政治教育亦难以适应新形势的发展要求。

思想政治教育对意识形态的过分强调使其自身的文化属性和人文精神受到遮蔽，这一点也是我们当前思想政治教育所面临的问题与不足。思想政治教育无论从内容和形式上，都应当是一个广义的教育定义，其教育内容既应当覆盖理想信念教育和意识形态教育，也应当包含人文素质培养和文化修养提升的内容。这两方面的教育内容既不能厚此薄彼，也不应当相互割裂。应当做到"两手抓，两手都要硬"。如果依然遵循传统的思想政治教育模式，就很难将文化属性和人文精神教育融入贯穿于思想政治教育过程中。中国传统文化的教育方式则正好弥补了现代思想政治教育模式的不足。首先，中国传统文化注重渗透而非灌输，强调"以文化人""以文育人"。这种文化传承和教化的形式与特点易于被受教育者所接受，能够真正实现的效果，且一旦接受了这种传达形式所带来的思想与观点，受教育者对其核心内容就会产生强烈的价值认同感，其个性品质、思想观念、行为模式等个人内在要素一旦形成就会内化、积淀、渗透于社会成员的灵魂深处，形成影响其思维与行为的长久模式从而不易改变。其次，中国传统文化特别注重引导人内心深处的自省自觉意识。与部分西方文化思想不同，中国传统文化特别强调个人的自觉意识，倡导人们通过自我思考与感悟，体会文化传承内容中的精髓。引导人们通过"自省""内省""慎独"等内在自省的方式来反思自己的思想和行为中的不足与过错，进而使人们在认识上达到真正的"知"，从而不断提升自身的道德修养，使自己不断接近圣人的道德境界。这种传达与教化特点能够很好地弥补思想政治教育过程中单项传输所造成的受众接受意愿淡薄的问题。引导受教育者通过文化体验、思维碰撞和自我觉醒的过程，将思想政治教育的内容真正内化于心、外化于行，将科学的理论与知识转化成真正自我体会、自我认同的思想认识。从而进一步将以自觉内省方式提高自身道德修养，转化和付诸具体的道德实践。最后，中国传统文化特别注重理论与实践相结合。自古以来，在中国传统文化的发展过程中，逐步形成了注重"知行合一"的道德践履。可以说"知行合一"思想的形成并非一蹴而就，而是几千年来中国传统文化经过长期的实践探索和理论总结所形成的极具特色的思想道德教育的方法论系统。自先秦时期开始，很多思想学派和著作便特别强调实践对于知识学习和思想领悟的重要作用。

"知行合一"思想，将中国传统文化中理论与实践相结合的思想提升到了一个新的高度。可见，中国传统文化不仅注重道德教育中的自觉自省，更加注重在自觉自省基础上的道德践履，注重"知"与"行"的辩证统一。而这种思想如果能够运用到思想政治教育的过程中，必然对破解当前思想政治教育过程中出现的僵化、机械的教育瓶颈与困局起到巨大的作用。上述中国传统文化所倡导的种种教育模式和理念，如果能够充分运用到思想政治教育的体系中，便能有效地改进与弥补我国当前思想政治教育过程中过分重视和强调意识形态性，思想政治理论说教与灌输的教育模式单一，内容空洞乏味缺乏文化属性和内涵等一系列突出问题，对提升思想政治教育的接受度与实效性是大有裨益的。当然，作为一门意识形态色彩极为强烈的科学，思想政治教育离不开理论灌输这种教育模式，其本身所具备的强大教育作用并不应当被我们忽略。

当我们忽视了文化对思想政治教育的内在渗透力，忽视了受教育者对思想政治教育内在自觉自省意识，忽视了思想政治教育者与受教育者在思想政治教育过程中的道德实践，而过分强调这种理论灌输的教育模式时，无论灌输的力度多么巨大，其单一的教育形式和单调的教育内容也必然难以得到当代社会群体的认可与接受，难以做到将核心教育理念与思想清晰全面地传到给每一个受教育者，思想政治教育也难以取得理想效果，甚至会起反作用。因此，我国思想政治教育应该借鉴和吸收中国传统文化所提倡和践行的，这些潜移默化的渗透、自觉的内在自省，以及知行合一等教育模式，来改变我国当前思想政治教育单一枯燥的教育模式，弥补我国当前思想政治教育模式的不足，引导全体社会成员积极主动、自觉地反思自身，不断提升自身的思想道德素质，培养自己良好的道德品质，提升我国当前思想政治教育的实效性。

第七章　融合发展视阈下传统文化对思想政治教育的质量提升

本章是融合发展视阈下传统文化对思想政治教育的质量提升，分别从融合发展视阈下传统文化对文化型、开放式以及和谐性的思想政治教育质量提升，三个方面进行论述。

第一节　融合发展视阈下传统文化对文化型思想政治教育的质量提升

中国特色社会主义文化内涵广泛，文化型思想政治教育的提升，主要是针对整个国家、民族乃至世界文化的发展，这是一种现代化、全球化的发展。思想政治教育作为中国优秀传统文化的特殊形态，具有文化属性。适时根据我国社会和国家发展的新要求，提升大学生思想政治教育质量的要求，增强思想政治教育界的文化软实力，努力探索适合我国实际国情的教育模式。

一、文化型思想政治教育质量提升的必要性

习近平总书记指出："努力用中华民族创造的一切精神财富来以文化人、以文育人。"[①] 思想政治教育具有一定的文化性。广义的中国传统优秀文化是指人类在具体的活动过程中所获得的物质类的、精神类的财富。文化性是一个国家、民族、个人在长期生产活动中形成的习惯，是文化素质的基本表现。

思想政治教育包括社会生活各个方面，它主要是涉及对意识形态进行教育，

---

① 本刊编辑部．习近平：把培育和弘扬社会主义核心价值观作为凝魂聚气强基固本的基础工程 [J]．天津教育，2014（07）：1．

它是政府为了实现统治而开展的教育。思想政治教育的内涵决定了其具备一定的文化性。意识形态属文化范畴，是文化的组成部分，表达了阶级意志，这就决定了意识从属于文化，是文化的特殊形式。

文化性思想政治教育模式的特点是常态化、常规化。文化性思想政治教育模式存在一定的缺点，但也是思想政治教育的一般模式。大学生思想政治教育的文化特性充分表现在三个方面：一是能够促进人的思想文化素质、思想水平的提高，能够促进人文集合；二是对中国优秀传统文化的内涵进行丰富，以及凝聚文化的力量；三是促进国民文化素质的提高，增强教育的共鸣性。思想政治教育本身属于文化范畴，因此其主要的表现形态通过各种行为得以体现，思想政治教育的内容包括意识形态、价值观、思想道德等，能够促进人们文化品位的提升。

建设中国特色社会主义文化就必须建立文化性思想政治教育模式。改革开放以来，随着市场经济的繁荣发展，坚持以市场为导向的经济体制改革使我国经济建设取得了巨大成就。与此同时，文化体制方面也提出新的要求，突破制度性障碍，促进文化生产力的发展，创造文化繁荣发展的新局面，在文化体制不断发展变化的过程中，要对社会主义文化建设方面进行不断的探索。

思想政治教育具有一定的教化功能。建设社会主义文化强国，需要根据大学生的成长需求以及文化传播的形式，适度创新，构建一套文化型的大学生思想政治教育模式，这是促进思想政治教育质量提高的关键。

二、文化型思想政治教育质量构建的诉求

（一）思想政治教育质量不可缺少文化性

思想政治教育必须具备文化性。中国优秀传统文化具备独特的魅力，要体现在思想政治教育的过程中，增加思想政治教育的吸引力。

文化本身就具备一定的教育功能，思想政治教育的各方面都会受到传统文化的限制，比如在方式、过程和目标上。任何事物都是矛盾的集合体，任何事物都是一个运动发展的过程。思想政治教育也是主流思想与个体思想之间的矛盾集合体，思想政治教育实际上就是中国优秀传统文化对个体思想进行改造的过程，其赋予教育的内容、方式以及教育对象一定程度的文化意义，传承着时代文化的精

髓，顺应时代的变迁和发展。思想政治教育无法脱离文化而单独存在。思想政治教育的重要任务就是对人们的价值观进行进一步的优化。因此，文化教育必须以价值观为导向，通过文化的影响，将主流意识和核心价值观转化为社会成员的认知和行动。

在社会的大环境中，大学生会受到不同文化的冲击，在这种多元的文化环境中，大学生要学会对自己的思想进行调整，逐步养成完美人格。文化的冲突有利有弊，它能够开阔大学生的视野，促进大学生综合素质和能力的提高，但同时也会为大学生带来各种困惑。对于大学生来说，中国传统文化既有其一定的魅力，又需要大学生具备高层次的解决问题的方法。所以，大学生的思想道德教育必须具备文化性，才能保证将大学生思想政治教育工作落实，文化教育才会具备吸引力和凝聚力，体现思想政治教育的价值和文化育人功能。

（二）思想政治教育质量内在要求文化性的回归

我国的大学生作为文化层次较高的社会群体，其本身的数量仍相对较少，虽然我国高等教育已经进入高等教育大众化的阶段，但与外国相比，入学率仍相对较低，这就导致我国后期发展缺乏人力资源。思想政治教育内容的文化内涵、教师队伍的文化素养、教学方式的各个方面都应该时刻体现传统文化的文化魅力和特征，这是提升大学生思想政治教育质量的内在要求。思想政治教育的文化性贯穿于大学生成长的各个方面。从当代中国基本经济发展方式和基本国情来看，中国优秀传统文化已经成为民族创新力和发展力的源泉，也成为中国与不同国家之间的竞争因素，成为经济发展的重要支柱。我们必须要对中国传统文化进行创新，学校在文化创新中承担着重要的责任。高等学校在引领社会思潮、凝聚社会力量方面发挥着重要的带动作用。大学生思想政治教育的根本任务是，在课堂学习中融入中国特色社会主义理论体系，顺应时代发展潮流，不断丰富新内容，探索新模式。

改革开放以来，党和政府制定了一整套的方针和政策来督促大学生思想政治教育工作的实施。从总体上来看，大学生思想政治教育运行情况良好，这为我国社会主义现代化建设培养了更多优秀的建设者和接班人，同时对大学生思想和精神的培养方面起到了促进作用。但是，若想适应时代发展和人才需求的变化，还需要促进大学生思想政治教育质量的提升。当前大学生的思想受国内外思想文化影响较为严重，对我国思想教育来讲是一项挑战。另外，大学生思想状况逐渐呈现出复杂性、选择性、多变性等特点，大学生的思想状况还存在一定的突出问题，这些问题都要求教育工作者认真对教育工作进行思考，并提出新的教育方法与模式，进一步为大学生思想政治教育质量提供新的空间。

三、文化型思想政治教育质量提升的方法

在全面建成小康社会和构建文化强国的要求下，我们必须构建文化型思想政治教育模式，才能保证教学质量的提升。创新既是实践的问题，又是理论的问题。创新型的思想政治教育模式，即是文化型的教育模式。文化型的教育模式从理念到要素都体现了文化性。

（一）理念指导教育

理念是行动的先导。先进的理念指导是构建文化型思想政治教育模式的需求，它在展现文化魅力的同时，还能促进教育质量的提高。

对中国优秀传统文化的改革进行的部署，是指导我国文化发展的纲领性文件，它充分体现了党的准确判断和高度的文化自觉性。坚持"以人为本"的先进理念和结合思想政治教育的基本现状，是构建文化型的思想政治教育模式的内在要求。从构建文化型的大学生思想政治教育模式的视角来看，"以文化人"的内涵主要体现在遵循教育规律，体现文化的特性，运用文化的方式，实现"以文化人"的教育。

大学生思想政治教育应坚持"以人为本"的教育理念。在实践上，应坚持促进思想政治素质的全面发展，将政治性与文化性进行有机统一；在内容上，彰显内涵、品位，增强吸引力与凝聚力；在方式上，倡导渗透性教学；在队伍建设上，促进教育者文化素质的提高，构建以文化人的教育模式。

（二）提高教师综合的能力

师资队伍质量的提高是思想政治教育质量的基础。教师素养是综合性的，具有高品质、全方位、立体化的特点。文化实力和魅力缺乏是导致大学生思想政治教育质量难以提升的重要因素。

思想政治教育工作者必须要有一定的知识基础和较强的求知欲，还要具备丰富的文化素养和良好的个人魅力，这样才能吸引学生，成为学生的良师益友。因此，高校领导和任课教师应是知识丰富、修养深厚，有坚定的立场和较高觉悟的人，只有这样才能充分展现政治理论成熟的魅力和文化艺术修养的魅力。

（三）寓教育于无形

隐性教育是潜移默化的教育，使受教育者受到潜移默化影响。隐性教育与显性教育适用的对象都是学生，两者教育方式有所差异，可以互为补充。大学生思想政治教育的隐性教育是通过在大学生的生活环境中，找寻富有教育意义的内容和哲理，以学生可以接受的形式和方法，来达到无意识的教育熏陶，最终影响他们"三观"的形成及素质的提高。隐性教育在思想政治教育中的重要地位和作用，因其自身的特点而愈来愈受到人们的重视和利用。隐性教育具备渗透性、间接性、开放性以及持续性等特点。思想政治教育中有关传统文化的内容具备隐性教育的特点，因此更容易被大学生认同并接受。

高校思想政治理论课在进行课程设计时，要彰显其文化品位，将政治理论课视为进行思想政治教育的主要途径，课程的内容要兼具政治功能和文化功能，同时借鉴我国优秀传统文化，课程的讲解过程中应该是以魅力为引导，而不是一味地说教。与此同时，应该在大学的各个学科中都融入思想政治教育，使大学生在任何学习段都能受到文化的教育，从而达到思想政治教育效果。大学的思想政治教育还能以各种校园文化活动作为载体，将娱乐性与文化性进行结合，使思想政治教育在活动中得以开展。

（四）以文化为载体的思想政治教育方式

"文化载体"是指各种文化产品。以文化为载体的思想政治教育方式能够增加文化的吸引力和渗透力，从而促进思想政治教育质量的提高。

精神是一种价值取向，它可以为人的日常活动提供指导、信念和准则。精神是无形的，大学精神文化的表现形式有办学理念、思想定位以及学风、教风等。大学生应重视精神文化的总结与提炼、传承和创新。

大学物质文化能够进一步丰富大学生的精神世界，大学物质文化能够提高大学生的内在修养和审美水平。大学物质文化建设，要注重硬件设施与软件的有机结合，做好长远规划，重视建筑风格的内涵和价值，让大学校园的建筑都具备一定的文化。

大学思想政治教育需以制度文化为正确导向。大学制度文化是一种激励环境与氛围，包括制度、准则、纪律以及组织。制度文化具有价值导向作用，大学的制度文化建设是思想政治教育的方式和途径，它与思想政治教育的目标趋于相同。文化制度的建设，要在保证其时代性和可行性的基础上，将社会主义核心价值观与制度内容建设相结合。在实践中应充分发挥制度文化的隐性教育功能，促进大学生思想政治教育质量的提升。

虚拟文化是近年来深受大学生欢迎的网络文化，它具有可塑性、生动性、丰富性、灵活性的特点。大学思想政治教育工作者应该在心理上重视和接纳虚拟文化，紧跟时代潮流，了解科技发展新态势，把虚拟文化作为大学思想政治教育的新课题。

（五）构建网络化的思想政治教育平台

人们可以对信息化时代加以支配，信息可以经过人的选择、运用和创造，在量变和质变中，不断发展变化中引起新思想、新知识、新科技的层出不穷。信息是一把双刃剑，其中包含大量有利和有害信息，丰富多彩的信息也包含各种隐患。人类信息的异化是人类社会面临的新问题，信息异化使人们创造的信息成了奴役和支配人类的手段，违背了事物发展的一般规律。互联网中的负面影响就是信息异化的具体表现。

网络技术使信息体现不同的意识、信仰和价值观，它被人们所浏览和利用的时候加速了信息的交流、知识的创新，推动了经济的发展，但是，信息异化也造成了很多负面影响，其中最严重的当属对大学生"三观"的影响。网络信息技术的发展，能帮助大学生形成正确的世界观、人生观以及价值观，也会导致大学生在发展过程中面临很多种困难。信息恐慌、信息依赖、信息崇拜、信息毒害、信息犯罪都是大学生信息异化的具体表现。信息的多样性和丰富性，使得很多大学生在进行资料查询时，忽略了信息的重要性，养成了网络查询的习惯。大学时期是学生正确的世界观、人生观和价值观形成的重要时期，如果长期地依赖信息，缺乏信息辨别能力，就容易被有害信息诱惑，进而缺乏主见，在思想和价值观的养成方面没有了主见。

对大学生进行思想政治教育就是为了防止信息异化，我们要加强网络教育，使学生能够科学地获取和利用信息，从众多信息中发现对自己有利的信息，促进自身的全面、可持续发展，避免信息异化带来的危害。主体意识的加强可以使学生认识其在信息化社会中的地位。人们创造信息是为人所用，人们应当主动地对信息进行选择和运用，让信息为人类的发展提供服务。大学生网络思想政治教育应把培养大学生的主体意识作为教学的主体目标，使其明白主体与客体的关系，掌握在信息社会中学习、发展和成才的主动权。

增强大学生明辨是非的能力，使大学生在享受网络信息快捷的同时，能够保证具备正确的认知态度。坚持党的方针的正确指导，增加大学生法治知识的学习，才能促进大学生思想道德素质的提高。加强高校的网络化建设，通过先进的文化引导校园潮流，抵制文化垃圾。高校要加强校园网络建设，净化校园上网环境，防止信息异化，构建网络思想政治教育阵地。促进大学生信息技术水平的提高，对大学生信息使用能力进行培养，用法律的强制力来约束信息活动。

第二节　融合发展视阈下传统文化对开放式思想政治教育的质量提升

当今的社会具有较强的开放性和融合性，大学生的思想政治教育工作也面临着巨大的挑战。大学生的思想政治教育不仅关系到个人的成才成功，还关系到祖国的现代化建设。因此，大学生的思想政治教育必须与经济、文化的发展相适应，与社会进步保持一致步调，坚持开放式教育理念和教育模式，为社会主义现代化建设培养优秀的接班人。

一、开放式思想政治教育质量提升的必要性

开放式的教育是以学生为中心，利用教育资源和社会环境，借助社会力量通过自由、民主、和谐互动的教育方法来实现学生的全面发展。思想政治教育的最终目的是帮助人们正确认识自身和教育，它是涉及对学生的世界观、人生观以及

价值观的教育。开放式的思想政治教育模式就是指在开放多元的社会环境中，通过建立开放、包容的教育理念，利用各种教育资源，促进个人和社会的全面发展。

大学生思想政治教育的包容性是大学生思想政治教育开放性的一个重要特征。思想政治教育的开放性具体表现是，做到传统与现代、隐性与显性、纵向与横向、课内与课外的教育相结合。除此之外，思想政治教育环境的复杂性与选择性，教育目标的先进性与层次性，内容的主导性与丰富性，都要求教育必须有开放性的特征。富强、民主、文明、自由的社会主义现代化建设决定了大学生思想政治教育必须走民主性和自主性的路线。民主性和自主性决定了大学生在思想政治教育中主体作用的发挥，建立良好的师生关系，促进师生之间共同学习、共同进步。在这种环境中，学生的能动性、积极性、创造性才可以充分发挥出来，自主性学习是大学生为提高自己对课程价值的整体认知，在老师的指导下和在教学目标的引导下，自由地通过目标、内容、方法的选择来完成自己学习的过程。建设民主性和自主性的思想政治教育是大学生思想政治教育改革的重点内容。

开放式的思想政治教育是与传统大学生思想政治教育相比而言的，创新性的大学生思想政治教育应该是开放性的、多元性的、变化性的。当今社会全球化现象日益加剧，经济飞速发展，文化交融复杂，大学生时刻受到这一复杂环境的影响，只有立足时代，放眼未来，通过创新思维方法，才能保证思想政治教育的持续发展。

政治多极化、经济全球化、文化多样化的特点决定了当今的世界具备开放性的特点。开放性是一个国家发展的推动力。思想政治教育是开放性的教育。开放的姿态、思想境界、观念、方法等都是大学生思想政治教育质量提升的关键。开放性的教育应该在教学过程中培养学生开放性的视野、开放性的理念、开放性的学习方法等，这也是提升大学生思想政治教育质量的必然要求。

二、开放式思想政治教育质量构建的诉求

（一）对传统教育的深刻反思

我国大学生思想政治教育为社会主义现代化建设培养了许多优秀的人才，但是，对思想政治教育观点、方法和内容进行仔细研究，就会发现仍存在一定的片面性，导致这一问题的原因就是教育的封闭性。首先，不同国家之间缺乏沟通与

交流，导致教育沟通欠缺。造成这一问题的原因是思想不够解放，视野不够开放，过分地强调国情和意识，最重要的是教师缺乏学习的机会，无法对国外的前沿信息、经验的学习和借鉴，以至于与世界脱轨。其次，在教育的内容方面，过度强调社会需要和社会价值，忽略了大学生的个性发展，通过唯一的标准对大学生进行教育、要求与衡量，过度地批判和否定外来的观念，内容表现形式较为单一，往往是进行理论分析与口号式的教育宣传，不能就社会热点问题进行深入的剖析。最后，教育方法的封闭性。过分注重向学生灌输结论性的理论，而忽略了指导学生进行实践式的推论。

闭塞的大学生思想政治教育，导致大学生在毕业后难以适应社会的需求，无法经受考验与打击，遇到问题就会感到手足无措，无所适从。我国的高等教育应该深刻分析教育体制，把开放式的大学生思想政治教育作为学校培养学生的立足点，用开放式的教育方法和内容来培养学生，让学生在校园中就能接受先进思想的熏陶，以至于后期走向社会可以更快地接受各种观念。

（二）时代对人才的需求

当今世界是一个开放共荣的世界，文化与思想也一定是开放与共荣的。当今世界呈现多样化的发展趋势，体现在政治、经济、文化、科技的各个方面。随着国际化的发展，中国与世界各国的各种利益之间存在一定的联系，呈现出一荣共荣，一损俱损的状况。

意识一直被认为是支配人的一切行动的先导。国内的高等学校是大学生培养各种先进的思想和意识的基地。当前，我国的整体国情正处于改革开放的重大发展时期，与社会的不断接轨和交流，使社会处在一个国内外各个方面相互交融的关键时期。大学生在各种各样环境的影响下，自身的思想认识和价值取向也呈现出复杂多变的特点。

当今世界的发展呈现出开放和包容的特点，这也是世界各国发展的大趋势。世界各国都必须顺应时代发展的方向，找寻适合自己发展的道路。大学的思想政治教育也应该坚持开放与包容的特点，自觉地摸索适合本院校和学生的开放性教育方法，使大学生形成开放、包容、和谐共存的理念，为毕业后走向社会和国际化的大舞台做铺垫。

三、开放式思想政治教育质量提升的方法

（一）培养开放式的观念

"观念"是一个人对事与物的看法，也是行动的先导。开放式的教育观念主要针对人来讲，确切地说是针对当代大学生的思想政治教育的培养方面来讲的。建立开放式的大学生的思想政治教育必须首先建立一套开放式的育人观念。

开放式的育人观念，首先要树立顺应时代潮流的创新型教育理念。新的教育理念应该涉及民主、平等、公正、法制等理念。大学生思想政治教育应该坚持创新型的思想理念，突破以往循规蹈矩的教育理念，以开放和创新的思想观念，在新时代背景下，在知识点、创新思维、创新能力、综合素质等各个方面培养学生开放性的观念。

改革开放使我国的政治、经济、科技、文化各方面的发展有了跨越式的发展，大学生思想政治教育也必须坚持这条改革路线，用开放性的眼光和思维认真对待国内和国外的教育理念，寻找一条符合中国国情的思想政治教育的新模式。我国作为一个民主、平等的国家，教师与学生之间应当建立友好、平等的关系，在这种平等关系下进行交流探讨，才能促进大学生思想政治教育质量的提升。大学生的思想政治教育必须发挥大学生的主观能动性，将发挥大学生的个人价值作为教育目标，培养大学生的主人翁意识，使教育与大学生做到真正的统一。法治也是开放型教育模式构建应该遵循的，开放即是自由，自由不是绝对的，开放式的教育模式也应该尊重法律，在法律的范围内开展。

（二）明确开放式教育的方向

任何事物的发展都有一定的方向性，"方向"指引着人的行为，具有一定的引导性。党的一切工作出发点都是有其明确的方向，党的思想政治教育工作是保持党的工作的先进性的前提。明确的教育方向也是大学生思想政治教育的基本前提。确定大学生思想政治教育方向的主要依据是国家的发展战略和大学生的思想基础。大学生思想政治教育模式的开放性决定了教育的方向也应该具备开放性。

"方向"具有一定的多样性和层次性。大学生思想政治教育方向具有层次性。大学生的思想政治教育方向必须符合党和国家的基本要求，必须符合党的政治教

育的目标，既是实现共产主义的思想，同时还应该满足大学生思想政治教育的整体目标，又是培养德智体美劳全面发展的人才，必须将这两个方向进行有机结合。

大学生思想政治教育的方向性还决定了其必须始终保持与时俱进，发展目标必须具备时代特色。大学生思想政治教育是为了培养符合社会经济发展的合格社会主义建设者和接班人。开放式的大学生思想政治教育方向要保证与社会发展相适应。

（三）充实的教育内容

实现教育目标的重要依据是意识、价值观、品德等具有思想性的东西。思想政治教育的各个方面的要求主要表现在思想政治教育本身、目标的实现、对受教育者的要求等，它们共同地体现了思想政治教育内容具有逻辑性、多样性、时代感以及层次感等特点。我国大学生思想政治教育是坚持以思想性教育为核心，培养大学生具备正确的世界观、人生观和价值观。

大学生思想政治教育的一个重要特征就是具备开放性。改革开放的要求决定了思想政治教育内容必须是开放的、兼容并包的。

世界是开放、兼容并包的，大学生的思想政治教育也必须是开放兼容的，在继承和发展中国优秀传统文化的时候，应对世界各国的先进文化进行吸收与借鉴。当今世界，各种文化之间互相融合和吸收，这也就决定了大学生的思想政治教育内容也呈现出多种文化的交相呼应。大学生思想政治教育的内容除了应该遵循事物发展的一般规律外，同时还要与时俱进。教育的内容应该是变化的、创新的、发展的各种思想和理论的融合。

（四）运用开放式的教育方法

大学生思想政治教育的方法是指，包含思想学习与授课的教育方法。教育的本质就是对思想进行教育。"授之以鱼，不如授之以渔"的原理就是教育的原理。在对大学生进行思想政治教育时必须建立一套综合解决问题的方法，这样才能保证大学生在遇到问题的时候能够针对具体问题进行具体分析。

大学生的教育应该是理论和方法相统一的教育。大学生开放式的思想政治教育也应该坚持理论和方法的统一。大学生在进行思想政治教育学习的过程中会形成自己的一套方法，也会形成一套认识、创造世界的方法论。大学生的思想政治教育工作，一是应该加强思想上面的理论学习，二是教给大学生具体解决问题的方法。理论与实践的有机统一，必须在大学生思想政治教育的授课过程中，积极与实践活动相结合，从根本上解决大学生思想政治教育与社会相脱节等问题。

（五）实现现代化的大学生思想政治教育

现代化是时代发展的目标。现代化目前已经体现在社会的各个方面。大学生的思想政治教育也应该转变成现代化的教育。现代化不仅包括思想的先进化，也包括制度、技术、物质、精神等方面的现代化。大学生思想政治教育现代化是与社会的现代化相适应的。教育的先进化，涉及教学方法的先进化、教学内容的先进化、教学思想的先进化、教学设备的先进化、教学目标的先进化等。

（六）构建和谐的师生关系

良好的师生关系是有序开展思想政治教育工作的关键所在。这里面包括地位的平等、态度的和谐。教育过程的有序开展需要教师和学生共同参与，师生在这一过程中以友好的姿态参与其中，可以为大学生思想政治教育起到事半功倍的效果，这也是开放式的大学生思想政治教育模式的内在要求，同时也是当今建立和谐社会的要求。和谐在师生关系中的具体体现是：一方面，师生之间友好相处，互相信任和尊重，彼此学习，彼此成就，在教育这一过程中使双方价值得到体现，一步步走向自己个性和人格的完善；另一方面，和谐的师生关系强调的是学生作为一个主体的地位应受到尊重。和谐的师生关系能够为教育提供良好的空间和氛围，这样的教育空间必定会对教育产生不一样的效果。

和谐的大学生思想政治教育师生关系也应该是互动性的，互动性教学才能把思想政治教育做到最好。教师在课堂上应该做到与学生积极互动。互动性教育应该体现在教育的方方面面，尤其是课堂教学方面。教育也是人与人沟通交流的过程，其中也应该坚持用情感化人的方法来实现教育的目标。高等教育要求思想政治教育坚持以学生为本，教育者与被教育者是主导与主体的关系，也是民主、平等的关系。当今的世界是一个资源大爆炸的时代，各种各样的信息以不同的形式来影响着众人，我们应该改变以往的直线式教育，将其变成循环式的、互动式的教育。

第三节　融合发展视阈下传统文化对和谐型思想政治教育的质量提升

和谐社会的构建是当今中国，党、国家、人民一致追求的目标。我党在和谐社会的构建方面，从思想和制度等各种层面做出了实质性的努力，各族人民在党中央的号召下，通过实际行动实现和谐社会的伟大目标。和谐社会在符合世界大环境背景的同时，也符合我国国情。它在促进社会主义经济、政治、文化、科技等各方面发展的同时，也保障了社会的稳定和谐，为建立和平稳定的世界关系奠定了一定的基础。因此，以和谐的理念引领大学生思想政治教育，是大学生思想政治教育所面对的首要选题。

一、和谐型思想政治教育质量提升的必要性

在不断变化和发展过程中，应促进和谐思想和和谐文化的进一步发展和完善。人与人之间、国与国之间、事与事之间，和谐方能长久共生。

和谐的文化与思想是中国从古至今的追求目标，它强调的是人与人之间、人与自然之间的和谐共存。其中，人与人之间的和谐表现在能够良好地处理人际关系和促进身心健康发展。和谐文化和思想涉及许多方面，包括思考的方法、心理健康、价值的选择、伦理道德以及行为特征等。和谐要求不同事物之间能够相辅相成，相互促进，共同发展。

大学生思想政治教育的和谐型教育模式，能够促进教育质量的提升，使教育过程的各个环节和谐共存、共同发展。具体而言，就是通过方式的和谐化、内容的和谐化、目标的和谐化、结构的和谐化来提高大学生思想政治教育的质量。

大学生思想政治教育的和谐性体现了师生地位的平等以及教学内容的柔和性。平等的师生地位指的是，师生双方之间能够公平和民主地进行沟通与交流，双方地位平等，要互相平等地沟通交流，运用民主性的方式来完成教育目标。大学生思想政治教育的柔和性主要表现为审美观和互动性方面。教育学也是一个对事物认识的过程，这其中就涉及个人审美的问题，不同的人对同一事物的理解存在一定的差异。审美水平高，对事物的想法和思考就比较完善和合理。"互动性"

指的是在教育过程中师生之间时刻保持一种柔和的姿态，相互尊重，共同学习。除此之外，大学生的思想政治教育和谐性还表现在其他的方面。例如，大学生思想政治教育的层次性和协调性。

和谐社会的构建，必须在和谐教育的辅助下才能实现。和谐型大学生思想政治教育要具备鲜明的时代色彩。和谐型大学生思想政治教育是在对中国传统文化进行深刻总结后提出的，在现代中国文化的基础上发展出来的符合中国大学生政治教学的教育。

社会主义和谐社会的建立是符合时代发展旋律的，大学生的思想政治教育也应该不断创新，不断发展。和谐型大学生思想政治教育模式，不仅反映了时代变革的主题，还是自身创新发展的内在要求。构建社会主义和谐社会，需要社会各界做出努力，因此，对大学生进行和谐思想的教育至关重要。社会主义的经济制度，决定了和谐社会不允许出现不公平和欺诈现象。社会主义的政治制度，要求大学生的思想政治教育必须体现出和谐。

构建社会主义和谐社会是对中国传统文化中和谐观念的继承与发展。和谐是适应社会发展和大学思想政治教育的内在要求，和谐型的大学生思想政治教育是由教育的本质性决定的。"一成不变"不是教育，"墨守成规"不是教育，"尔虞我诈"更不是教育。根据我国的政治、经济、文化的现状，我国的大学生思想政治教育仍然有着很多不合理的地方。思想政治教育缺少目标性，没有内容，重点不突出，涉及的方面比较少，缺少实践性，过多地强调知识的传授，而忽视了大学生主观能力的锻炼。因此，必须构建和谐的思想政治教育来解决这些问题。

二、和谐型思想政治教育质量提出的诉求

（一）和谐社会的内在要求

建立社会主义和谐社会就必须要建设和谐型大学生思想政治教育。社会是由人组成的，大学生作为社会中的重要主体，和谐社会建设中的地位不容忽视。和谐社会的建立需要做到人与人之间、人与社会和自然之间的和谐共处，这三者之间建立和谐共存的关系。大学生思想政治教育的工作就是通过具体的方法和工作

保证三者之间的和谐统一。人作为和谐教育的一个主体，面对人进行教育工作是十分重要的。对人的教育包括信念教育、道德教育和知识教育，通过这些教育培养符合社会要求的高素质人才，为构建和谐社会提供需要的人才。社会主义和谐社会是民主法治、公平正义、诚信友爱、充满活力、安定有序、人与自然和谐相处的社会。大学生思想政治教育应紧跟时代需求，自觉构建大学生的公平、民主、法治等观念。

我国的经济正处于一个飞速发展的阶段，经济的高速发展会使社会各层面出现不均衡的现象。这样就容易导致各种矛盾的产生，生活方式、经济利益等各种各样的关系呈现出一个全新的势头。加强思想政治的教育，能确保社会稳定和谐发展。大学生作为一个主要群体，会因为各方面的压力产生心理问题，因此，必须加强对大学生进行思想政治教育。

（二）和谐社会新角度的要求

和谐社会的理念之一，是把人置于发展的中心位置。以人为本的发展理念决定了在进行思想政治教育时始终将大学生置于主体地位，时刻满足大学生的需求和要求，保证其自身利益在发展中得到保护。大学生的思想政治教育必须时刻关注大学生的各种需求，尊重其主体地位和独立人格，通过和谐的教育方式促进师生和谐发展，引导他们实现自身价值与社会价值的和谐统一。

大学生思想政治教育坚持科学的、全面的、和谐的发展理念，在保证文化课学习的同时，也应该促进大学生思想政治素质的提高。

三、和谐型思想政治教育质量提升的方法

（一）坚持层次性的和谐

教育是一个循序渐进的过程，思想政治教育同样也不例外。教育的目标是具有复杂性和条理性。任何事物的目标都是有其自身发展规律的，同时其自身的发展规律也必须适应社会的发展规律。按照教育的一般规律来说，思想政治教育的目标顺序应该分为大与小、长远与眼前、个人与社会、主要与次要等，这也体现了教育的复杂性和条理性。

思想政治的教育目标应该是一个和谐统一的过程。实现小目标之后才能实现大目标，个人目标得以实现后才能实现社会价值。次要目标是可实现也可不实现的，主要目标必须得实现，因此目标的实现存在一定的规律和条理性。和谐型的大学生思想政治教育必须遵循教育的一般规律。

大学生思想政治教育的最终目标为大学生具体目标的实现提供依据。这里的目标都具有和谐型的特点。目标的条理性是和谐型的关键。思想政治教育的最终目标在符合党的基本路线的同时，实现个人的价值，包括个人价值与社会价值，通过实现共产主义这一理想来指导大学生进行思想政治教育。我国大学生思想政治教育在本阶段的主要任务：首先就是培养大学生正确的人生观、世界观和价值观，这是他们进行一切生活和工作的核心；其次是进行爱国主义的教育，这是凝聚人心的关键；最后是进行道德教育，这是作为一个自然人必须遵守的规则。我国大学教育的整体目标是完成素质教育，在教育的过程中培养大学生的各种意识、思想、能力等，它是一个全面的、条理性的教育。大学生思想政治教育，涉及教育内容的各个方面，包括理论和技术的教育、思想和实际问题。除此之外，在教学方法上，应该是软硬兼施，坚持教育与管理的和谐。

大学生思想政治教育不是一门独立的学科，还要融入各科的学习当中，这是因为各学科之间存在互通性。同时，思想政治教育也不是简单的课堂教学，它涉及生活的各个方面。教学管理中也可融入思想政治教育，在管理中开展教育，在教育中加强管理。思想政治教育是一个发展中的教育，它应在学习优秀传统文化的同时，加以改进创新，从而形成新的教育理念和方法。大学生思想政治教育必须始终保证与时俱进，这样才能保证大学生思想政治教育始终充满活力与生命力。

（二）坚持创新性的和谐

大学生思想政治教育的内容具有一定的规律性和稳定性。大学生思想政治教育的目标也应该在坚持教育内容规律的情况下，对教育内容进行一定的创新，这是时代赋予的要求与责任。大学生思想政治教育的创新内容应该是在遵循一般规律的基础上所进行的创新。人的世界观、人生观、价值观是一个可变的过程，大学生思想政治教育必须要始终保持与时俱进，保证教育内容与时代同步。大学生思想政治教育内容的规律性和理论性，决定了其创新的过程不能缺少核心思想的指引，无所顾忌的创新只是没有根据的创新，实用性就会大大削弱。

科学、合理地安排大学生思想政治教育必须保证内容的规律性与创新性的和谐。坚持个人理想和国家理想的相统一，坚持以爱国为重点，以基本道德规范教育为基础，以大学生全面发展为目标，实现人与国家的和谐发展。市场经济的基本国情，决定了大学生思想政治教育的内容必须符合市场经济发展规律，同时也应该分析社会实际，正确认识自己的行为。

（三）坚持教育方式的和谐

教育的真正原理是教会学生学习的方法，并不只是简单地进行知识的教授。大学生思想政治教育可以通过科学、合理的理论指导，从外面传输进去，也可以让大学生发挥主观的能动性去选择和确认，最终形成自己的行为理念。大学生思想政治教育是双向的活动，教师需要让大学生的主体地位得到和谐发挥。

教师作为思想政治教育的主导者，学生作为被动者，教师要促进学生主动性的发挥，使其与教师主导性和谐统一，两者相辅相成。教育的内容上，主导的思想和多样化的思想是和谐统一的。教育过程中，坚持规律与特点的相融合，使大学生思想政治教育不偏薄。教育方法上，运用通识的方法，融合前沿的思想和意识，方便大学生接受思想政治教育。

（四）坚持传统与现代技术的和谐

传统教育创新发展的过程应坚持和谐发展。传统教育方法与现代教育方法不能用统一的制度进行衡量。大学生的思想政治教育应在传统教育方法的基础上，结合现代技术进行创新和发展。

我们要不断对传统技术进行创新与改进，保证其与时俱进，适应新时代的要求。传统与现代技术的和谐统一需要顺应时代的潮流，以及大学生关注的方向，利用新的技术和方法对大学生进行思想政治教育，如定期开展感恩大会，举行法治宣传等。传统的教育方法有其好的地方，也有其不好的地方，我们可以在此基础上，去伪存真，创造新的教育方法。

大学生开展思想政治教育工作的一个有效手段是通过网络的途径，进行网络化的宣传和教育。关于创新的教育管理制度，我们可以建立创新型的学分管理制度，建立符合学生自身情况的课程模式。随着大学生思想政治教育的不断革新，其育人功能日益凸显，学生社团也是其中创新思想政治教育的一部分。当前大学生思想政治教育的主要内容就是促进大学生思想政治教育实现网络化和社团化，用先进的思想文化引导、影响、塑造大学生。

（五）坚持各类教育的和谐

课堂教学、课后实践、文化影响、网络渠道是大学生思想政治教育的新途径。大学生思想政治教育要坚持以教学为主导，开发多渠道结合的培养模式。

课堂教学作为大学生思想政治教育的主要方式，必须始终坚持大学生的课堂主体地位，切实改革教学内容、方法，增强思想政治理论课的吸引力和说服力。大学生思想政治教育的途径具有多样性，这些方式会涉及社会、校园、网络等方式。大学生思想政治教育应坚持学校、家庭和社会三方相结合，大学生思想政治教育活动是一个复杂多变的活动，地位和职能的差异，导致它们发挥的作用也有所不同。但是，只有将学校、家庭和社会和谐统一，才能有效开展思想政治教育活动。

第八章 融合发展视阈下传统文化与思想政治教育融合发展的路径

本章主要从四个方面对融合发展视阈下传统文化与思想政治教育融合发展的路径进行阐述，分别是传统文化与思想政治教育融合发展的课堂教学路径、网络教学路径、环境影响路径以及社会实践路径。

第一节 传统文化与思想政治教育融合发展的课堂教学路径

一、充分发挥课堂教学的教育主渠道作用

课堂教学是大学生接受教育的主要阵地，也是大学生思想政治教育开发利用传统文化资源的重要场所，在优秀传统文化教育中发挥了巨大的决定性作用。要发挥课堂教学的这一巨大决定性作用，就必须在课堂教学中下一番功夫。在课堂教育的内容上，针对大学生的特点，科学地设计相关教育内容，通过课堂教学不断深化中国优秀传统文化教育。我们应该把优秀传统文化的知识通过深入挖掘教材，以学生喜闻乐见的形式传授给学生，让学生最大限度地接受传统文化教育。

此外，还应该积极改进教学方法，探索学生喜欢的教学方法，并应用在课堂教学中，想必传统文化教育就会事半功倍了。由于传统文化的特殊性，可将以讲授为主的教学方式改为探究合作学习，给学生布置任务，让学生课后搜集资料，在课堂上进行合作探究。这样不但增加了学生的学习兴趣，还使学生有效接受了传统文化教育。

二、在教学计划中纳入优秀传统文化教育

了解与探究传统文化的人文精神及其精华，有助于提高大学生的人文素质。鉴于中国优秀传统文化对当代大学生人文素质培养的重要性，学校领导应高度重视大学生对中国优秀传统文化的学习，不能把大学生学习中国优秀传统文化看作课外可有可无的消遣，应纳入教学计划。课程范围应包括古代哲学、文学、艺术、科技、宗教、道德、教育等领域的内容。应选派一些精通传统文化的教师开设一些诸如以《周易》《论语》《诗经》《老子》《韩非子》《孙子兵法》等书籍为专题的讲座，开设诸如"中国文化史""中国文化概论""唐宋诗词鉴赏"等选修课，这些都是对大学生开展传统文化教育最直接、最迅捷的手段。

三、在课程体系建设中融入儒家思想内涵

大学生品德教育的主要内容与儒家思想内涵相辅相成。为此学校在传承我国道德文化传统时，应不仅仅局限于某个角度与途径，而应进行全方位的资源整合，将儒家文化与思想融会贯通，达到育人的目的。

把儒家思想教育课程纳入高校公共课程体系中。目前，大多数高校都开设了中国文化概论课程，这对于传播我国传统儒家思想理论极为重要。但在具体课程教学实践中讲授儒家思想的较少。所以，将我国传统儒家思想融入大学生生活中，全面利用文化资源的教育作用是十分必要的。教育者在进行课堂教学时，完全可通过对经典名著中的某些故事与哲理的讲解与剖析来引导学生更好地吸收儒家经典的精髓，可以把这些精髓与现实生活结合在一起，从而让学生可以更好地知晓儒家思想。这样一来，不但可以让学生更好地了解与吸收其精华，还能帮助他们形成正确的价值观、世界观，真正实现其潜移默化的教育作用。

学校对学生进行思想政治方面的教育离不开思想政治课的课堂教学。事实上，我们在进行思想政治教育时，也可以将其与传统的儒家思想融合在一起。如此一来，不但对高校思想政治理论课教学思路的开拓大有裨益，并且可以凭借儒家思想来帮助大学生塑造正确的世界观、人生观与价值观。所以，把我国优秀传统文化的内容与思想政治课程相结合，可以极大地丰富目前的思想政治课内容。

四、在教学内容上突出针对性

（一）加强诚信意识的培养

现在大学生中存在很多有悖诚信的现象，如考试作弊、论文剽窃、简历伪造等，大学生的诚信意识十分淡薄。"诚信"是一个人的立身之本、成功之源，"言必信，行必果"是取得信任的前提，中国传统道德更是把"信"列为"五常"之一。可以说，诚实守信是做人的道德底线，人一旦失信，也就失去了做人的根本原则。所以，我们要结合中国优秀传统文化中丰富的教育资源，加强大学生诚信教育，在课堂教学中渗透诚信意识，促进学生养成真诚做人、认真做事的习惯；加强学生的自身修养，从失信惩罚机制和个人诚信管理机制入手，为学生诚信建档，把诚信表现与学生评价相挂钩。

（二）加强民族精神的培养

民族精神是一个民族在长期的共同生活和社会实践基础上形成的思想品格、价值取向和道德规范的统称，是民族心理特征、文化观念和思想情感的综合反映。大力弘扬民族精神和时代精神，深入开展爱国主义、集体主义、社会主义教育，丰富人民精神世界，增强人民精神力量。民族传统文化是民族精神的载体，民族精神是民族传统文化的升华。在传统文化中关于民族精神的表述不胜枚举，我们要结合中国优秀传统文化中丰富的教育资源，加强大学生的民族精神教育。

首先，要做到在思想政治教育课堂教学中加强民族精神的培养，激发学生的爱国之心，增强学生的民族自尊心、自信心和自豪感。

其次，要培养大学生群体团结进取、勤劳勇敢、自强不息、艰苦奋斗等优秀品质，增强他们的社会责任感和历史使命感。

激发学生为中华崛起而读书的爱国情怀和报国之志，把个人目标同国家和民族的前途命运联系起来，将自己的理想抱负转化为具体的实践行为，追求人生的真正价值和意义。

（三）加强感恩精神的培养

感恩是中华民族的传统美德，如"投之以桃，报之以李""感恩图报，当有激于衷矣""谁言寸草心，报得三春晖"，感恩父母、感恩他人、感恩社会一直是传统文化中的基本道德立场。然而，这种美德却被一些大学生逐渐淡忘和漠视。破坏自然、轻视生命、缺乏孝心、缺乏责任意识和奉献精神的现象时有发生。

我们应当吸收传统文化中关于感恩精神的内容，在课堂教学中加强感恩精神的培养，让他们感恩自然、感恩父母、感恩师长、感恩社会，进而培养一种"仁者爱人"的大爱情怀和人文素养。当前，提倡培养学生的仁爱精神，有利于促进大学生自身和社会的和谐发展。

学生主要是通过教师课堂讲授这一方式了解传统文化的。所以，高校教育要发挥课堂教学优势，让学生系统、准确、深入地学习中国优秀传统文化知识。高校可以针对不同专业开设不同的课程，比如在理工类专业学生中开设文史经典与文化传承必修课程，开设古典诗词赏析、古典名著选读、古典音乐鉴赏、古典绘画艺术欣赏等选修课。

五、在教材中融入传统文化

高校思想政治教育教材是对大学生进行科学的世界观、价值观、人生观教育的基本途径，对于提升大学生政治素质、思想品德素质、法律素质等起着知识载体的作用。因此，各个高校可以让传统文化走进教案教材，从本校思想政治教育现状出发，依托地方传统文化的优势资源，取其精华，编写出具有地方特色的能让学生切实感觉到传统文化气息的校本教材，作为当前思想政治教育教材的有力补充。

同时，思想政治教育教材贯穿着马克思主义中国化这条主线，马克思主义中国化理所当然地包含马克思主义与传统文化的有机结合。因此，在校本教案教材的建设中，我们应致力于研究马克思主义中国化过程中传统文化与马克思主义在哪些方面是相通的，要善于用传统文化的思想精华来丰富马克思主义理论，这样既升华了传统文化的优秀思想成果，又发展了马克思主义。例如，在培养当代大学生道路自信、理论自信、制度自信、增强国家认同感、树立民族自信心方面，在教材中要增加以"天下兴亡，匹夫有责"为重点的具有家国情怀的内容；在提升当代大学生生态文明素质方面，在教材中要增加尊重自然、顺应自然的天人合一理念，让当代大学生体会传统文化之美；在弘扬社会主义核心价值观方面，在教材中增加传统文化中仁义礼智信方面的内容，引导学生正确处理个人与他人、个人与社会的关系。通过传统文化进教材，引导当代大学生在感受民族特色的同时，自觉弘扬中华民族优秀文化，做新时代的中国人。

第二节　传统文化与思想政治教育融合发展的网络教育路径

一、发挥网络载体的作用

随着科学技术的高速发展，网络技术悄然改变着大众的生活与工作方式，从而促进了道德教育新方式与渠道的形成。目前，是否可以行之有效地开发与使用网络教育资源，对中华优秀传统文化能否发挥其独特的教育优势起着决定性作用。当前，网络的使用群体中最为庞大的队伍是大学生，所以，我们在进行传统文化教育资源的开发和使用时，一定要意识到有效发挥网络载体的现实意义与重要性。

教师可以把网络载体当作大学生思想政治教育的重要阵地，创建各种以中华优秀传统文化为主题的网站，让学生在使用互联网时也能吸收很多新知识，从而获取中华优秀传统文化的精髓，体会其深远意蕴。特别需要注意的是，我们在通过网站这一形式进行思想政治教育时，一定要加强探索采用怎样的语言形式，使之达到以礼育人，以情动人的效果，达到润物细无声的教育效果。

我们同样能够采用微博、微信这类平台达到类似效果。人们之所以越来越青睐新媒体，与其方便性、通用性不无关系。这种新兴媒体给大学生带来了全新的沟通方式，符合他们目前即时信息传递与主动求知的心理特征。通过微信、微博等软件给大学生提供一些关于中华优秀传统文化的公众订阅号，按时为他们提供一些相应的信息，为他们在零碎时间内获取知识提供帮助。另外，教育者还能通过微信、微博这类平台，及时解决目前大学生普遍反馈的道德滑坡问题，进而为高校思想政治理论教育活动开拓出一片新天地。

我们还能借助图书馆这个资源宝库进行中华优秀传统文化宣扬活动。引导大学生积极运用图书馆的各种文献资料，以及通过阅览室下载与中华优秀传统文化相关的电子文档与视频等影像资料，使大学生可以更好地了解一些经典名著与人物传记，进而有效吸收其中教育精华方面的内容与思想，提升自身的思想道德素质，实现全面发展。

二、推进思想政治教育网站的创建

互联网已变为开展思想政治教育的一个新兴的主要平台。要全方位加强学校网络平台建设，将互联网变为宣扬主旋律、进行思想政治教育的主要阵地，要建立集思想、知识、乐趣和服务于一身的主题教育站点或网页，大力开展生动有趣的互联网思想政治教育活动，形成网络和现实思想政治教育的强大合力。

加强学校网络阵地建设，创建独具特色、吸引力和影响力大的思想政治教育网站（又叫作"红色网站"）。可在网站中设立专门的宣传中华优秀传统文化的板块，并利用互联网平台展开学术探讨和交流，指导学生查阅、下载关于我国优秀传统文化的材料，或借助学校互联网平台选择播出一些能够展现中华优秀传统文化的影像资料等。

举例来讲，国家教育部主办高等教育出版社承办的"中国大学生在线"网站是进行高校思想政治教育的主流平台，这个网站展现的传统文化格调高雅、文字优美、事迹动人、案例生动，在高校思想政治教育中影响大，对大学生的健康成长发挥着促进作用。

同时，还要建设一支既熟悉思想政治教育工作，又熟悉中华优秀传统文化，同时掌握互联网信息技术的复合型人才队伍，指引学生通过红色网站或网上资源查阅我国优秀传统文化，优化他们的知识体系结构，不断提升他们的人文水平。

三、运用现代科技手段创建网络教育平台

关注网络文化，占领网络阵地。随着网络在手机上的广泛应用，网络在当今大学生的学习、生活中所占的比重越来越大。越来越多的大学生从网络上了解天下大事、获得新闻，网络文化已经走进大学生的世界并深刻影响着他们的思想观念与行为。

在加强大学生思想政治教育工作，发展传统文化的基础上，我们要进军网络，通过大学生常用的微博、微信等网络交流工具的使用推动网络教育平台的建立和发展。

第三节 传统文化与思想政治教育融合发展的环境影响路径

一、转变以前传统的教育观念

当前，大多数高校都缺乏对传统文化教育的足够重视。以高校中的领导为例，部分领导对传统文化教育不够重视。一些学校领导在对待大学生民族传统文化教育的问题上，缺乏深刻的认识，从战略的高度来思考和定位民族传统文化教育工作的领导同志不多。这种教育认识上的误区和偏差，使得部分高校领导对于加强大学生民族传统文化教育重要性的强调，更多的只是停留在口头上和理论上。

高校领导是校园文化建设的决策者、引导者，领导对传统文化教育不重视后果不容小觑。此外，一些教师也意识不到传统文化教育的重要性，上课时只顾进行专业知识的灌输，而不重视对专业课程中蕴藏的丰富人文内涵进行挖掘，导致大学生缺乏人文底蕴。部分领导和教师应转变教育观念，充分认识到传统文化在大学生思想政治教育中的重要作用，积极开展传统文化教育。

二、创造良好的校园文化环境

良好的校园文化环境是传播传统文化的重要基础，而想要营造良好的校园文化氛围，首要任务是转变教育观念，重视传统文化教育。

广义的文化包括物质文化和精神文化。精神文化是学校所具有的特定精神环境和文化气氛，主要包括校园历史传统和被全体师生员工认同的文化观念、生活观念等意识形态，是一个学校本质、特性、精神面貌的集中反映。校园文化是一种特殊的社会文化，良好的校园文化是一种不可忽视的教育力量，它以某种特有的潜在作用影响着大学生文化素质的提高，滋润着大学生的心灵，对学生形成正确的世界观、人生观和价值观发挥着重要作用。可以说，环境对人的影响是潜移默化的，校园文化作为学生在大学期间接触最多的环境，对大学生的教育意义不言而喻。校园文化也是高校思想政治教育的重要载体，在高校进行传统文化教育的过程中发挥着重要的作用。加强高校校园文化建设，将传统文化融入校园文化中是高校传统文化教育取得成功的重要保证。

（一）校园基础设施建设

校园基础设施建设属于校园物质文化范畴，即校园的建筑风格、布局式样等，是最能直观体现校园文化的部分。我们可以将传统文化的元素融入学校建筑和校园景观中，让校园在建筑风格上包含传统文化元素。

首先，在学校教学楼、寝室等校园主体建筑中加入与传统文化有关的元素。如可以选取一两个教学楼，将其建成中式风格，作为传统文化教育基地，使学生可以从中国传统建筑风格中感受到传统文化所具有的创造力和想象力。可以将寝室内部装修成中国传统风格，提供给对传统文化感兴趣的同学。

其次，可以在校园的景观环境建设中通过对建筑、人文、植物三方面的合理布局，体现出传统文化"天人合一"的和谐自然观。可以在校园中建造一些中国古代历史人物的塑像。例如，伟大的教育家孔子、爱国将领岳飞等。还可以建造一些具有传统文化气息的景观。例如，亭子、长廊等。在这些建筑的内部、用传统文化的元素作为装饰，使之成为校园中学习和交流传统文化的场所。

最后，在教学楼或寝室楼楼道的墙上，或校园的宣传栏中，张贴传统文化中的名人事迹或名人名言，将传统文化的元素融入校园中的每一个角落。

总的来讲，校园中文物类的建筑、橱窗、板报、横幅、标语、路牌、草坪中的警示语，都可以成为对学生进行中国优秀传统文化教育的重要载体。在校园硬件设施的建造和布置上要向传统贴近，如在青青草坪上摆放书法石刻，在教学楼内张贴经典的古诗词、名言警句。将中国优秀传统文化教育融入学生生活的每个场景中，让学生从生活中的一点一滴受到中国优秀传统文化的熏陶。

（二）校园风气建设

加强校园文化环境建设，还应着重加强包括校风、教风、学风、班风在内的校园风气建设。要加强学校的办学风格，设计独具特色的校训、校徽与校歌、增强全校师生的凝聚力、荣誉感、自豪感；要抓好教风和学风建设，在全校形成干部职工实事求是、艰苦奋斗、勤政廉政、团结合作、高效严格、服务周到，广大教师认真负责、耐心细致、治学严谨、开拓进取、为人师表、教书育人，全体学生勤奋学习、积极向上、严谨求实、自强不息、尊师重教、遵纪守法、举止文明、行为高雅的良好局面；要充分发展学生的个性特长，开展学生喜闻乐见的丰富多彩的学术、科技、体育、娱乐等活动，弘扬主旋律，培养学生对社会主义文化和民族文化的认同感，自觉抵制消极、落后思想的侵蚀和渗透。

三、营造良好的社会文化环境

个人是社会的个人，每个人只有在社会中才可以找到自己的方向。环境会改变一个人的想法。周边的社会环境有着极强的引导性，加上大学生思想的可塑性，社会环境对于大学生的影响不言而喻。良好的社会环境能够对大学生的中国优秀传统文化教育和其个人的顺利成长起到潜移默化的熏陶作用，而同时形成的完善的人格会影响周边的环境。这样的相互作用使得大学生的思想政治教育状况飞速改观。社会环境的极速变化对当代大学生的思想政治教育有积极的影响，也有消极的影响。

传承中国优秀传统文化，需要营造一个良好的文化氛围。随着我国改革开放的不断深入，现在的高等教育已由原来的封闭型向开放型转变，大学与社会的界限正在逐渐模糊，学校和社会的联系日趋紧密。越来越多的思想涌入高校，带来的是各种思潮对传统文化的冲击。如何传承我们的优秀传统文化成了当代相当热门的话题。为了更好地让大学生吸收众家之所长，以完善自己的人格、传承中国优秀传统文化，一个良好的社会文化氛围至关重要。

为了营造良好的社会文化氛围，需要发动社会各方面的力量，积极发挥正确舆论的引导作用，使人们的精神需求得到满足。首先，政府要大力弘扬优秀传统文化，多制定有利于大学生学习优秀传统文化的政策，为大学生接触优秀传统文化提供更多的平台，在政策和经费上大力支持。其次，传播媒介要发挥自身功能和作用，特别是广播、电视、报纸、网络等媒体，要进行正确的舆论引导，大力宣传优秀传统文化知识，营造优秀传统文化的良好传播氛围。最后，社会团体和公共部门要尽可能地为大学生了解优秀传统文化提供机会，加强图书馆、博物馆、文化馆的建设。社会文化环境通过融合人们周围的各种教育因素，间接地、潜移默化地影响人的精神面貌和价值取向，影响思想政治教育的内容和方式。

在我们的国家，营造良好的文化环境，要求以科学的理论武装人，以正确的舆论引导人，以高尚的精神塑造人，以优秀的作品鼓舞人。这种文化环境不仅能够满足人们的精神文化需求，而且可以使人们的思想品德得到健康发展。

政府部门是进行传统文化教育的领导者和推动者。政府部门只有在思想上重视、在经费上落实、在行动上支持，传统文化教育才能得以开展并持续下去。大众传播媒介的主要功能是传播信息，通过报纸、杂志、广播、电影、电视等大众媒体向人们发布大量的信息，传递传统文化信息，引导社会舆论，以保持与社会的沟通。广大社会团体、公共部门应该最大限度地对大学生开放相关资源，让越来越多的大学生走进历史文化场所、走向文化舞台、亲近传统文化。

四、营造良好的家庭文化氛围

家庭是社会的基本细胞，优秀传统文化的传承必须要回归家庭，这既符合理性又尊重情感。从古至今，中华民族都非常看重家庭，尊老爱幼、母慈子孝、兄友弟恭、邻里和睦等都是中华传统美德。树立家庭中的优秀传统文化传承理念应从家庭、家教、家风三个方面来开展。

所有中国人汇成了伟大的中华民族，亿万个小小的家庭构成了强大的国家。家庭和睦、幸福、文明，国家便安定、祥和、文明。国家富强，民族复兴，亿万个家庭就会幸福美满，生活条件也将不断改善。广大家庭要抓紧抓好子女的早期教育，不断创造良好的经济条件、改善家庭育人环境，适当加入优秀传统文化元素，增强家庭环境的文化气息，优化子女的学习和生活环境以及人际关系，鼓励子女继续学习深造。此外，要构建学习型家庭，家长要关注中华优秀传统文化，培养学习意识，树立正确的教育理念、对子女言传身教，适当增加文化消费，多购买文学大家的经典著作，家庭成员之间交流阅读感受，相互学习进步，增进家庭成员间的感情。营造浓厚的家庭文化氛围，培养阅读习惯，促使子女养成良好的思想道德品质。大学生也可以依靠学校和社会的教育影响父辈，改变不良家庭传统和教育态度，与父母共同成长。

不同的人生活在不同的家庭环境之中，他所受到的家庭教育也会不同。什么样的家庭氛围培养出什么样的人，有什么样的家教就会教育出什么样的人。广大家长要积极努力学习，改变重智轻德的思想误区，提高自身的传统文化素养，用正确的道德观念、价值观念教育子女，言传身教，不仅要教知识，更要育品德。家长可以以传统节日为契机，引导子女了解节日的由来、习俗，教育子女讲礼貌、懂礼节、有涵养，不忘本、不忘根。家长还可以创造机会带子女参观博物馆、文化古迹，使其感受历史和文化的韵味。广大家庭要积极吸收优秀传统文化，传播中华民族传统美德，提高精神境界，形成文明风尚。

家风是民风淳朴、社风良好的根基，家风传承是一种潜移默化的教化。要广泛弘扬优良的家风，以广大家庭的好家风支撑起全社会的好风气。公益短片《家风传承》还原了"家风传承"精神，这启迪广大家庭要营造优良家风，尊老、爱幼、互爱、和睦、友善是好家风的重要组成部分。在《颜氏家训》《朱子家训》的教育理念中，尊敬长辈、邻里和睦、勤俭节约对构建美满家庭具有重要的借鉴意义。广大家庭要传承优秀的家风家教文化，对待父母长辈要孝顺，生活上要勤俭节约，在学业工作中要勤奋刻苦，在人际关系中要和睦友善，不断提升道德修养水平，塑造健全人格。

第四节　传统文化与思想政治教育融合发展的社会实践路径

一、举办与传统文化相关的讲座

高等学校可以从大学生的实际出发，找到他们在传统文化学习中的重点、难点以及关注的热点，在此基础上邀请社会上一些有名望的专家学者或者模范榜样来给大学生做相应的讲座。讲座可以说是高校思想政治教育课程教学的一种有益补充，举办好讲座，将会出现一个传统文化和思想政治教育双赢的局面。高等学校积极举办与传统文化相关的讲座，对丰富大学生的传统文化知识、增强他们对传统文化的保护和传承意识有着重要的意义。

二、深入挖掘传统节日的内涵

中国的传统节日大都来源于农业文明，常与祭祖、祈福、驱鬼联系在一起。这种历史渊源使得中国的传统节日与西方的节日比起来似乎显得有些"土"，没有西方的节日"浪漫"。特别是改革开放以来，我国社会主义现代化建设不断深入，城市化水平越来越高，人们的生活水平和品位也越来越高，有许多人，特别是一些追求时尚的大学生对传统节日逐渐淡忘。此外，从农村涌入城市的人口越来多，由农村演变为城市的地方也越来越多，使得一些大学生，特别是对农村不熟悉的大学生，对传统节日的了解越来越少，甚至不知道为什么会有这个节日。

针对此现象，我国政府加强对传统节日的重视程度，并将一些传统节日设立为法定假日。但仅仅设为法定节假日是远远不够的，因为很多大学生总是盼着在这个节日期间可以放假，而不会去探究为什么会放这个假。想要让传统文化在大学生思想政治教育中发挥重要作用，深入挖掘传统节日内涵势在必行。要想让中华民族优秀文化具有鲜活的生命力，必须在外在力量推动的基础上，寻找传统文化内部的驱动力量，将推进国民教育与提高个人修养相结合，是优秀传统文化的优秀资源找到适合的平台和切入点，发挥其重要作用的重要基础。通过国民教育可以让优秀民族文化资源所具有的社会价值获得广泛认可，并成为国家文化价值观的组成部分，而通过个人的修身养性，个人也重视传统文化的内在价值。这就使得中华民族优秀传统文化的因子拥有了进入百姓内心、渗入其日常生活渠道，能在个人心中生根发芽的文化才是强大的，它不会随着时间的推移而消退。因而，中华民族的传统节日作为中华民族优秀传统文化的一部分，除了国家的高度重视外，加强个人对传统节日的认识也格外重要。

挖掘春节、清明、中秋、端午等传统节日的文化内涵，对增强民族凝聚力、国家软实力，推动中国文化大繁荣、大发展具有非常重要的意义。没有传统文化的民族是没有未来的民族，丢弃了传统文化的民族是没有前途的民族。中国传统节日中包含着重要的人文和历史底蕴，是民族凝聚力和国家凝聚力的重要体现，是民族文化的重要组成部分。民族文化是一个民族的根，而根是不能放弃的。

通过深入挖掘传统节日文化内涵，可以深入开展大学生爱国主义教育，使其学会感恩、秉承孝道，从而全面提高大学生的思想道德素质，有助于推动新时期大学生思想政治教育发展。同时还可以使大学生思想政治教育工作更加符合学生的发展需求，贴近实际，增强了大学生思想政治教育的实效性。

三、参观名胜古迹

名胜古迹是人类在社会实践中创造出来的具有文化价值的财富，也是中国优秀传统文化的重要表现形式之一。名胜古迹是长期以来人们改造景观的直接证据，充分体现出人类和自然之间的关系与历史沿革。通过参观名胜古迹，大学生可以从中了解历史发展的脉络，从中感受到优秀传统文化所赐予人类的精神力量，进而强化大学生对优秀传统文化的认同感。

当今社会是意识形态多元化的社会，大学生难免受到西方思潮和异质文化的影响，导致思想上出现错误，造成行为上出现偏差。而名胜古迹是我们的祖先创造出来的文化物质表现形式，承载了本民族过去的辉煌，通过拜访名胜古迹，可以增强大学生的爱国主义情感，增强民族自信心。因此，高校不仅要在理论上加强传统文化教育，而且要在日常生活中多组织大学生对当地名胜古迹进行参观学习，使其从中受到启发。

四、鉴赏古代诗词

中国的古诗词绵延流传了千百年，是中华民族的文化精髓，学习并鉴赏古代诗词可开阔大学生的视野，培养大学生的人文素养。古代诗词能让大学生从文学艺术的源头汲取到最清澈、最甜美的"文学之水"，也能让大学生在吟咏古诗词时感受博大精深的中国优秀传统文化，知晓古代人的生活方式，了解古代贤人志士高尚的思想品行，并从中受到启发，激励大学生向古代贤人志士学习，在浮躁的今天找到让内心平静下来的力量，从而达到思想政治教育的目的。

古代诗词是大学生乃至每个中国人最宝贵的精神源泉，它能丰富大学生的思想情感、提高其审美水平，是中华民族永恒的经典。中国古诗词蕴含着丰富的美学要素，是提升大学生艺术审美鉴赏能力的重要资源。精心挑选一些能够引起大学生兴趣的古诗词，多途径挖掘其中的美学要素，结合学生审美需求和心理特点，通过诗词朗诵等形式提高学生的审美鉴赏能力，让学生感受到优秀传统文化的魅力，是一种有益的探索。

我们也应当看到，当代大学生对古代诗词有一定程度的疏离感。一些文学上的名篇佳作成了大学生难以接受，甚至拒绝接受的"古董"，远不如小说、流行歌曲那么流行。高等院校在发挥优秀文化、传承优秀文化方面有着不可推卸的责任，因此，高校在培养大学生古代诗词鉴赏能力时，不能一味地进行灌输式教育，而是要采取一些大学生喜闻乐见的方式，如某音乐平台上推出的歌曲《琵琶行》，作者采用流行歌曲的形式，赋予原本很长的诗歌以音乐节奏，增强了歌曲在网络上的传唱度，而且也让活跃在网络上的大学生在潜移默化中感受到《琵琶行》的魅力。当然，还有很多活动形式可以加以利用，如诗词知识问答竞赛、古代服装装扮晚会等。高校在增强优秀传统文化与大学生情感联系的过程中，提升大学生的审美能力还有很长的路要走。

参考文献

[1] 陈亚红，何艳.传统文化与思想政治教育 [M].北京：中国轻工业出版社，2017.

[2] 邓云晓，陆志荣.传统文化视阈下大学生思想政治教育创新研究 [M].成都：西南交通大学出版社，2020.

[3] 曹一宁.新时期传统文化与思想政治教育创新研究 [M].北京：北京工业大学出版社，2020.

[4] 陈慧，许瑞芳，冯晓莉.中国传统文化在高校思想政治教育中的作用 [M].延吉：延边大学出版社，2017.

[5] 吴江.中国传统文化的思想政治教育价值研究 [M].北京：北京理工大学出版社，2019.

[6] 李苗，崔巧玲，周振兴.传统文化与大学生思想政治教育的创新 [M].长春：吉林出版集团股份有限公司，2019.

[7] 谢丹.传统文化视域下的高校思想政治教育 [M].北京：九州出版社，2018.

[8] 韩治国.思想政治教育研究文库中华优秀传统文化融入新时代教育面面观 [M].北京：光明日报出版社，2021.

[9] 彭锡钊，王振江，于颖.我国传统文化与学校思想政治教育 [M].北京：九州出版社，2018.

[10] 杨朝晖，段玥婷.全球化背景下中华优秀传统文化与大学生思想政治教育的融合研究 [M].天津：天津人民出版社，2019.

[11] 许琳，肖宜辉.融媒体视域下高校思想政治教育话语权提升研究 [J].办公室业务，2022（22）：44-46.

[12] 王梁华.中国传统文化与思想政治教育的融合路径 [J].中学政治教学参考，

2022（41）：92.

[13] 李闫 . 中国优秀传统文化融入高职学生思想政治教育新途径 [J]. 科学咨询（科技·管理），2022（11）：174-176.

[14] 敖生成 . 大学思想政治教育中融入中华优秀传统文化有效路径研究 [J]. 国家通用语言文字教学与研究，2022（10）：59-61.

[15] 郑君，李明超 . 中华优秀传统文化的思想政治教育价值论要 [J]. 北华大学学报（社会科学版），2022，23（05）：127-134+155.

[16] 王辉 . 中华传统节日文化融入高校思想政治教育的路径研究 [J]. 黑龙江教师发展学院学报，2023，42（03）：140-143.

[17] 王小慧，夏小华 . 意识形态视角下思想政治教育话语的守正与创新 [J]. 河南科技学院学报，2022，42（12）：59-64.

[18] 朱琼宇 . 传统文化教育在技师学院思政教育中的价值及实现途径 [J]. 产业与科技论坛，2022，21（01）：86-87.

[19] 高甜甜 . 与传统文化相结合的大学生思想政治教育路径研究 [J]. 数据，2021（08）：110-111.

[20] 杨爱军 . 优秀传统文化融入高校思政教育的实践探索 [J]. 科教文汇（上旬刊），2020（34）：56-57.

[21] 王静 . 中华优秀传统文化融入大学生思想政治教育的 SWOT 分析 [D]. 太原：山西师范大学，2021.

[22] 杨一琼 . 中华优秀传统文化融入大学生思想政治教育研究 [D]. 锦州：渤海大学，2021.

[23] 代霞 . 中华优秀传统文化融入高校思想政治教育的路径研究 [D]. 成都：西华大学，2021.

[24] 徐亚芳 . 习近平传统文化观视域下大学生思想政治教育的创新研究 [D]. 南昌：江西师范大学，2021.

[25] 李雅寒 . 优秀传统文化融入大学生思想政治教育的对策研究 [D]. 郑州：华北水利水电大学，2019.

[26] 陈美含 . 中华优秀传统文化融入大学生思想政治教育研究 [D]. 长春：长春工业大学，2021.

[27] 成清霞.优秀传统文化的思想政治教育功能及其实现路径 [D].安庆：安庆师范大学，2021.

[28] 游珍花.中华优秀传统文化融入大学生思想政治教育研究 [D].武汉：武汉理工大学，2021.

[29] 王晓晶.中华优秀传统文化浸润思想政治教育的研究 [D].南京：南京师范大学，2021.

[30] 朱思睿.习近平传统文化观融入高校思想政治教育研究 [D].长春：吉林财经大学，2021.